Bernd Badegruber

# Spiele zum Problemlösen

**Band 2: für Kinder im Alter von 9 bis 15 Jahren**

VERITAS

Die Deutsche Bibliothek – CIP-Einheitsaufnahme
**Badegruber, Bernd**
Spiele zum Problemlösen: für Kinder im Alter von
9 bis 15 Jahren / Bernd Badegruber. – 1. Aufl. –
Linz: Veritas 1994

ISBN 3-7058-0548-7

Aus Gründen der leichteren Lesbarkeit wurde auf
geschlechtsspezifische Formulierungen wie
Spielleiter/Spielleiterin oder
Mitspieler/Mitspielerin usw. verzichtet.


1. Auflage (1994)
Gedruckt in Österreich
Lektorat: Maria Weismann-Ploier, Wallern
Herstellung und Layout: Bernhard Kandolf, Linz
Umschlaggestaltung, Illustrationen: Alois Jesner – Graphikdesign, Linz
Satz, Montage, Druck, Bindung: LANDESVERLAG Druckservice, Linz

ISBN 3-7058-0548-7

# Inhaltsübersicht



*Folgende Abkürzungen werden aus Platzgründen in diesem Buch verwendet:*

*E = Einsteiger*
*F = Fortgeschrittene*

# Spieleverzeichnis

## 5 *Ich-Spiele*



## 6 *Du-Spiele*



## 7 *Wir-Spiele*

## *8 Spielmethoden*

# Vorwort

Die Zunahme von Problemkindern schlägt sich in der Statistik der schulpsychologischen Beratungsstellen nieder. Diese wiederum sind auf die intensive Mitarbeit von Eltern, Lehrern und Erziehern angewiesen.
Das vorliegende Buch will diesen Erwachsenen eine Hilfe anbieten.
Problemkinder sind Kinder, die Probleme haben und deswegen Probleme machen. Sie leben in einer Gesellschaft, die diese Probleme geschaffen hat oder diesen Problemen zumindest hilflos gegenübersteht. Eine wesentliche Hilfe für das Kind wäre vorbildhaftes „Problemlösungsverhalten" der erwachsenen Bezugspersonen. Sehr häufig fehlen den Kindern jedoch die entsprechenden Vorbilder aus der Erwachsenenwelt.
Familiäre Probleme der Erwachsenen und einseitige Orientierung der Erwachsenen an materiellen und nicht humanen Wertvorstellungen sind dem Kind Hindernis statt Hilfe bei seinen Problemen.
Vielfach haben die Erwachsenen ähnliche Persönlichkeits- und Beziehungsprobleme wie die Kinder und Jugendlichen und stehen diesen ähnlich hilflos gegenüber. Das Kind braucht also andere Vorbilder, braucht Situationen mit Vorbildcharakter, die ihm Sicherheit geben können.
Es braucht die Gruppe, in der es soziales Verhalten erleben, ausprobieren und anwenden kann. Diese Gruppe kann eine Förder- oder Betreuungsgruppe oder eine Klasse sein. Die Methode ist der tägliche Umgang bei „Arbeit, Spaß und Spiel", oder – gelegentlich gezielt eingesetzt – das Spiel zum Problemlösen. Die Situation ist ein aktueller Konfliktfall in der Klasse, der im Spiel behandelt wird oder ein fiktives Problem, das vorbeugend behandelt wird. Spiele zum Problemlösen sind jedoch auch Spiele, die von vornherein die Gruppe oder Klasse stärken wollen, um zukünftigen Problemen mit Kraft und mit großer Problemlösungskompetenz begegnen zu können. Spiele zum Problemlösen kräftigen den einzelnen und kräftigen die Bande der Gruppenmitglieder zueinander. Wer in einer starken Gruppe geborgen ist, kann auch Problemen außerhalb der Gruppe besser begegnen.

Bei den *Ich-Spielen* findet in erster Linie Einwegkommunikation statt. Die wichtigste Fähigkeit ist, in sich hineinzuhören und das, was man dabei bemerkt, zu äußern.
Selbstverständlich hört man dabei auch den anderen beim Erzählen zu, reflektiert aber noch nicht gemeinsam über das Gesagte, stellt keine Fragen, gibt keine Antworten und keine Kommentare.

Die *Du-Spiele* haben Äußerungen als Schwerpunkt, die sich darauf beziehen, wie man den Partner empfindet. Man versucht, Näheres über den Partner zu erfahren, beobachtet, fragt, antwortet, kommentiert, hält dem Partner einen Spiegel hin. Man wird dabei noch etwas mehr mit sich selber vertraut, gewinnt aber auch Nähe zuerst zu einer, dann zu immer mehr Einzelpersonen der Gruppe.

Die *Wir-Spiele* haben als Schwerpunkt das Ziel, sich in der Gruppe orientieren zu können, die eigene Position in der Gruppe zu kennen, die Stärken und Schwächen der Gruppenmitglieder und der Gruppe als eigenes Wesen zu erkennen und nützen zu können. Es kommt auch zu der Erfahrung, daß sich die Gruppe ändert, daß die Eigenschaften der Gruppe schwanken. Positionen, Beziehungen, Stimmungen, Potentiale in der Gruppe sind teilweise stabil, andererseits aber situationsabhängig.
Das Gruppenmitglied lernt bei den Wir-Spielen die Unterschiede zwischen der eigenen Gruppe und anderen Gruppen zu erkennen, andere Gruppen einzuschätzen und auch zu akzeptieren.

# 1 Gedanken zum Spiel mit Kindern

## Wodurch wird eine Tätigkeit zum Spiel?

Wenn eine Tätigkeit um ihrer selbst willen durchgeführt wird, einfach, weil es Spaß macht sie zu tun, dann ist es Spiel. Nicht die Produktion im Sinn von Broterwerb oder Lebenskampf steht im Vordergrund. Es ist die Freude an einem Tun, bei dem das Ergebnis von nebensächlicher Bedeutung ist. Das Spiel hat unendliche Variationsmöglichkeiten; werden die Grenzen der Möglichkeiten, die durch Spielregeln festgelegt sind, überschritten, so hat es keine ernsten Konsequenzen. Die Konsequenz besteht lediglich in persönlicher Befriedigung von Spannung und Entspannung. Die unendlichen Variationsmöglichkeiten bieten dem Kind die Möglichkeit des Experimentierens. Mit Hilfe dieser Experimente kann das Kind seine Umwelt erfahren und bewältigen. Vorerfahrungen der anderen Menschen sind in Form von Regeln eingebaut. Experimente und Regeln sollen insgesamt in einem ausgeglichenen Verhältnis zueinander stehen. Auf diesen Umstand versucht dieses Buch einzugehen.
Aus dieser Definition des Spiels leite ich die folgenden fünf Merkmale ab, die ein Spiel weitgehend erfüllen muß, um den Anspruch auf die Bezeichnung „Spiel“ zu haben.

### *Die 5 Merkmale eines Spiels*

○ Zweckfreiheit:

Wenn es dem Kind nicht einsichtig ist, daß es aus einer Tätigkeit etwas lernen soll, ist diese Tätigkeit für das Kind ein Spiel. Das „Lernspiel“ und „spielerisches Arbeiten“ gibt es also nur in der Gedankenwelt der Erwachsenen. Der Erwachsene kann also durch „Zielkontrolle“ ein Kinderspiel zu „Arbeit“ werden lassen. Der Erwachsene weiß, daß das Kind aus Spielen lernt, daß das Spiel also einen Zweck hat. Dem Kind darf diese Tatsache jedoch egal sein. Es spielt, um sich zu entspannen oder um Spannung zu erleben.

○ Zwanglosigkeit:

Es gibt kein „Muß“ beim Spielen. Man kann das Spiel beenden, wann man will. Niemand kann zu einem Spiel gezwungen werden. Die Mitspieler können zwar die Nase rümpfen, wenn einer nicht mitspielen will oder vorzeitig aus einem Spiel aussteigt, mit Gewalt zurückhalten dürfen sie ihn nicht. Das heißt für den Lehrer und Gruppenleiter: Niemand darf zum Spiel gezwungen werden!

○ Variationsmöglichkeit:

Die Regeln können im Einzelspiel jederzeit und im Gruppenspiel nach Absprache verändert werden. Regeln flexibel ändern, Regeln erfinden, Regeln anpassen, fördert die Intelligenz und die Kreativität.

○ Innere Spannung:

Darunter verstehe ich intensives Erleben von Gefühlen: Freude, Erwartung, Hoffnung, Ärger, Angst, Erleichterung, Ungewißheit, Glücksgefühl, Zusammengehörigkeitsgefühl, Aggression, . . .
Diese Gefühle werden einerseits intensiv erlebt, andererseits durch den Gedanken „Es ist ja nur ein Spiel“ entschärft. Man lernt dadurch, mit Spannungen positiv umzugehen.
Ein Spiel, das diese Spannung nicht enthält, wird vom Kind nicht als Spiel empfunden, es ist in den Augen des Kindes bestenfalls eine Übung oder eine Beschäftigung. Sicherlich können einige der von mir gegebenen Spielvorschläge so durchgeführt werden, daß sie „Übungen zum Problemlösen“ sind – auch diese Form des sozialen Lernens ist sinnvoll. Der Pädagoge bzw. Spielleiter muß sich dann aber seiner Rolle als „Übungsleiter“ bewußt sein. Die Regeln der Zweckfreiheit, der Zwanglosigkeit und der Inneren Spannung fallen bei Übungen weg.

○ Experimentieren:

Ein Spiel ist dann tatsächlich Spiel, wenn es mehrere Möglichkeiten gibt, das Spiel zu bewältigen. Es gibt verschiedene Spieltaktiken, Anwendungsmöglichkeiten, Regeldeutungen. Die Möglichkeit des Experimentierens ist eine Möglichkeit des selbständigen Lernens. Spiele, die viele Möglichkeiten des Experimentierens, des Erfindens, der Kreativität beinhalten, verdienen das Prädikat „Lernspiel" im positiven Sinn.

Die Ziele, die das Kind im Spiel erreichen kann, aber nicht bewußt, sondern zweckfrei verfolgt, werden von diversen Spieltheorien verschieden definiert und werden von mir im Folgenden kurz zusammengefaßt:

## *Ziele von Spielen*

○ Experimentieren und Erfahren von Funktionen (u. a. Piaget)
○ Einüben und Automatisieren (u. a. Piaget, Hall, Groos)
○ Regeln kennenlernen und praktizieren (u. a. Piaget)
○ Triebbewältigung (u. a. Hall)
○ Macht erfahren und Macht ausüben (u. a. Adler)
○ Katharsis (Läuterung) (u. a. Freud)
○ Kognitives Lernen (u. a. Piaget)
○ Aktivierung (u. a. Heckhausen)
○ Kräfteüberschuß abbauen (u. a. Spencer)

# 2 Spieltherapie und Spielpädagogik

Der Spielpädagoge setzt das Spiel bewußt im Umgang mit gesunden Kindern ein. Er hilft ihnen, mit dem Spielangebot aktuelle Situationen (Konflikte, Probleme) zu verstehen und zu bewältigen. Durch das Spiel wird das Kind auch auf zukünftige Situationen (mögliche Konflikte und Probleme) vorbereitet. Keineswegs ist es Aufgabe des Spielpädagogen, heilende Maßnahmen für Probleme und Konflikte zu setzen, deren Ursache in der Vergangenheit liegt. Diese Aufgabe möchte ich den Spieltherapeuten überlassen.
Im folgenden zitiere ich Zulliger (H. Goetze und W. Jaede, Die nicht-direktive Spieltherapie, Frankfurt 1988, S. 32), dessen Definition des Spiels der Sichtweise der in diesem Buch von mir angeführten Spiele am nächsten kommt:

„Für Zulliger wird das Kind durch das Spiel selbst geheilt; der Therapeut greift immer dann ein, wenn er eine Möglichkeit sieht, das Spiel des Kindes aktiv voranzutreiben und weiterzuentwickeln. Der Therapeut kann also im Sinne von Zulliger eigene Impulse geben, Materialien herstellen und die Situation überhaupt so arrangieren und strukturieren, wie er es für richtig hält. Auf diese Weise sollen dem Kind Möglichkeiten gegeben werden, mit Hilfe des Spielangebots und der Spielanregungen emotionale Spannungen abzubauen und soziale Konflikte zu lösen, und zwar mit dem Therapeuten als Spielpartner und durch eigene Spielaktivitäten, die in zunehmendem Maße konstruktiv werden. Zulliger bevorzugte also eine reine Spieltherapie ohne Deutungen dem Kind gegenüber, variiert dafür aber in hohem Ausmaß das Angebot von Spielen und Spielpraktiken."

Das Verhalten Zulligers in Spielsituationen finde ich nicht nur dem zu heilenden Kind gegenüber angebracht, es kann auch etwa dem Verhalten des Pädagogen im Spiel mit gesunden Kindern, die Konfliktbewältigung oder Problemlösung praktizieren, entsprechen.

An dieser Stelle möchte ich meine Abgrenzung von Therapie und Pädagogik darlegen. Dieses Buch hat nicht einen therapeutischen, sondern einen pädagogischen Anspruch, was nicht bedeuten soll, daß die Spiele von Therapeuten nicht in therapeutischem Sinn verwendet werden können.

## *Die Rolle des Spielleiters*

Jürgen Fritz (J. Fritz, Methoden des sozialen Lernens, München 1981, S. 43) zitiert Daublebsky (B. Daublebsky, Spielen in der Schule, Stuttgart 1973), mit dessen Hinweisen für den Spielleiter, um bei den Spielen zu optimalen Ergebnissen zu kommen:

- Lehrer und Erzieher, die mit Kindern spielen wollen, müssen sich klar darüber sein, daß sie den Kindern keine Gnade erweisen.
- Der Spielleiter muß immer versuchen, einzelnen zu helfen, aber er darf die Kinder dabei nicht zu stark an sich binden.
- Der Spielleiter hat die Aufgabe, Gruppen vor unbewältigbaren Schwierigkeiten zu bewahren, darf sie aber nicht zu stark schützen, sondern muß sie soweit wie möglich ihre eigenen Erfahrungen machen lassen.
- Die Kinder sollen sich frei gruppieren dürfen, aber der Spielleiter muß denen, die nicht gewählt werden, helfen.
- Der Spielleiter sollte versuchen, soweit wie möglich die Konkurrenzhaltung der Kinder abzubauen.
- Der Spielleiter muß eine offene Atmosphäre schaffen, und durch sein eigenes Verhalten dazu beitragen, daß die Kinder einander gegenseitig helfen können.

# 3 Zur Handhabung dieses Buches

### 1. Weg: Chronologisches Vorgehen

Die Spiele beginnen mit lit. 5 „Ich-Spiele". Es können einige oder alle „Ich-Spiele" gespielt werden, um dann mit lit. 6, den „Du-Spielen", und dann mit lit. 7 usw. fortzusetzen. Aufwärmspiele für die Gruppe (lit. 7.1 und Spiele, die im Stichwortverzeichnis unter „Aufwärmen" zu finden sind) können immer zu Beginn oder zwischendurch eingesetzt werden.

### 2. Weg: Von einem Schwerpunkt ausgehen

Sie beginnen nach einigen Aufwärmspielen mit einem beliebigen Kapitel, das Ihnen momentan am Herzen liegt.
Beispiel: Sie beginnen mit lit. 7.5 „Aggressionsspiele". Sie erarbeiten mit den Kindern das Phänomen „Aggression" und betrachten es anschließend von der präventiven Seite. Sie spielen dann: „Helferspiele", „Kooperationsspiele", „Integrationsspiele" und „Beziehungsspiele".

### 3. Weg: Von einem Stichwort ausgehen

Sie wollen ein bestimmtes Phänomen behandeln, das möglicherweise im Inhaltsverzeichnis nicht aufscheint.
Beispiel: „Berührung". Im Stichwortverzeichnis werden Sie viele Hinweise auf Spiele finden, die in verschiedensten Kapiteln vorkommen und bei denen Berührung und Körperkontakt im Spiel enthalten sind.

### 4. Weg: Schwerpunktthemen durch Stichworthinweise ergänzen

Wie beim 2. Weg beginnen Sie nach einigen Aufwärmspielen mit einem beliebigen Kapitel.
Beispiel: 7.2 „Kooperationsspiele"
Sie setzen nach den Spielen dieses Kapitels mit Kooperationsspielen aus anderen Kapiteln fort. Sie finden diese Spiele im Stichwortverzeichnis.

### 5. Weg: Die „Weiterspielvorschläge" verfolgen

Am Ende eines jeden Spiels finden Sie „Weiterspielvorschläge". Diese führen Sie entweder zu den Spielen auf den Nachbarseiten des Buches oder geleiten Sie zu Spielen quer durch das Buch, die ähnliche Ziele, Spielmethoden, Spielmaterialien oder Spielerkonstellationen verfolgen.
Beispiele: Sie kommen von einem Partnerspiel zu anderen Partnerspielen. Sie kommen vom „Personenversteinern" zu Spielen mit echten Steinen. Sie vergleichen nach einem Gesprächsspiel dieses mit einem pantomimischen Spiel. Sie spielen nach einem Partnerbeobachtungsspiel auch andere Wahrnehmungsspiele.
Sie können die „Weiterspielvorschläge" in der angegebenen Reihenfolge spielen. Sie können aber auch bei einem beliebigen Weiterspielvorschlag hängenbleiben und die wiederum dort angegebenen Weiterspielvorschläge verfolgen, wobei Sie sich vom Ausgangspunkt weiter entfernen und das Spielprogramm an Vielfalt gewinnt.

# 4 Interaktionsspiele in diesem Buch

**Wahrnehmungs- und Sinnesspiele**

Die Spieler schulen dabei ihre Sinnestätigkeiten: Sehen, Hören, Riechen, Tasten, Schmecken, Gleichgewicht.
Diese Tätigkeiten sind für die Interaktion oft wichtige Voraussetzung: Ich kann mit dir kein Würfelspiel spielen, wenn ich das Würfelbild nicht erkennen kann. Ich kann nicht hören, was du sagst, also kann ich auf deine Worte nicht reagieren.

**Soziale Wahrnehmungsspiele**

Es gibt Wahrnehmungsspiele, die sich auf den Partner oder auf die Gruppe beziehen. Ich brauche für die Bewältigung des Wahrnehmungsmaterials andere Menschen oder die anderen Menschen selber sind Gegenstand meiner Wahrnehmung: andere Menschen genau anschauen, hören, fühlen, wiedererkennen.
Soziale Wahrnehmungsspiele beschäftigen sich jedoch auch mit der Beobachtung von Gruppen, von Positionen in Gruppen und von Situationen, in denen sich Gruppen befinden. Der Spieler lernt, Veränderungen und Regelmäßigkeiten in Gruppen und Gruppenprozessen zu bemerken.

**Emotionale Wahrnehmungsspiele**

Hier lernt der Spieler seine Gefühle zu beobachten und zu interpretieren. Er beobachtet, wie er sich in verschiedenen Situationen fühlt, lernt Gefühlsnuancen und Gefühlsstärken kennen und damit umzugehen.
Er lernt aber auch die Gefühle der Mitmenschen zu beobachten und zu interpretieren, mit dem Ziel, damit umgehen zu können. Ein beträchtlicher Teil dieser Spiele sind Selbsterfahrungsspiele.

**Bewegungsspiele**

Ihr Ziel ist im Rahmen der Interaktionsspiele, entweder durch auflockernde Bewegung Interaktionshemmungen abzubauen, oder durch Bewegungstraining den Körper auf gemeinsame Bewegungsspiele vorzubereiten. Bewegungsspiele können auch Selbsterfahrungsspiele sein.

**Konzentrations- und Entspannungsspiele**

Sie helfen der Gruppe bei der Einstimmung aufeinander, oder sie können nach anstrengenden Interaktionsspielen den Spieler wieder entspannen und in seine Individualität entlassen. Als solche Spiele können u. a. Wahrnehmungsspiele, Stilleübungen, Phantasieübungen und Bewegungsspiele dienen.

**Aufwärm- oder Eisbrecherspiele**

Während Konzentrations- und Stilleübungen unruhige, „überdrehte" Gruppen darauf vorbereiten, sich in Ruhe auf die anderen Gruppenmitglieder und auf die gemeinsam zu bewältigenden Aufgaben zu konzentrieren, sorgen diese Spiele für „Unruhe". Sie bauen Hemmungen, Sprech- und Bewegungsängste ab, bringen Schwung und Körperkontakt in die Gruppe.

**Gestaltungsspiele**

Im Rahmen dieser Spiele soll durch verschiedene Gestaltungsmittel den anderen Menschen Einblick in den Mitspieler gegeben werden. Mit Hilfe verschiedener Spielmaterialien wird aber auch die materielle und soziale Umwelt dargestellt und umgestaltet. Steine, Puppen, Zeitungen, Bauklötze usw. geben uns die Möglichkeit, uns zu artikulieren und mit der Umwelt zu experimentieren.

**Sprachspiele**

Spiele zur Sprachaktivierung wollen „die Zunge lösen", Schrei-, Ruf-, Laut-, Nonsenssprachspiele sollen die Artikulation fördern; Frage-, Antwort- und Erzählspiele wollen die Kommunikation schulen. Sprachspiele bereiten auch andere Interaktionsspiele, bei denen Sprache ebenfalls wichtig sein kann, vor.

**Körperspiele**

Die Angst vor Körperkontakt soll dabei abgebaut werden. Mit Körperberührung sollen die Kinder dosiert umgehen lernen. Die Erfahrung des eigenen Körpers gehört zur Selbsterfahrung. Die körperliche Selbsterfahrung ist Hilfe beim kompetenten Umgang mit dem Körper anderer. Auch Sinnesspiele und Bewegungsspiele haben ihren Anteil an der Körpererfahrung.

**Reaktionsspiele**

Reaktionsspiele sind dann auch Interaktionsspiele, wenn ein Mitspieler auf den Reiz, den jemand anderer aussendet, reagiert. Diese Reaktion kann mimisch, gestisch oder sprachlich erfolgen.

**Kreisspiele**

Fast alle hier angeführten Spiele beginnen mit dem Sesselkreis. Manchmal sitzen wir auch am Boden, oder wir stehen im Kreis, wobei mit den Kindern meist der Kreis durch Handhaltung geschlossen wird. Der Kreis vermittelt Blickkontakt mit allen Mitspielern, keiner ist ausgeschlossen, wir haben das Gefühl der Gemeinschaft. Viele Spielvorhaben lassen sich im Kreis übersichtlich organisieren und durchführen. Die Aktionen einzelner können von allen gut mitverfolgt werden. Für besondere Aktionen steht die Kreismitte zur Verfügung. Sind alle in der Mitte des Sesselkreises, grenzen die Sessel gut den Spielraum ab.

**Fangen-, Ball- und Laufspiele**

Diesbezügliche Spielvorschläge dienen in diesem Buch in erster Linie dazu, Themen wie Angst, Aggressivität, Kampf, Wettbewerb, aber auch Helfen, Kooperation, Glück, Sieg und Niederlage zu bearbeiten und zu bewältigen.

**Helferspiele**

Die Spieler müssen zusammenhelfen, um das in der Spielregel geforderte Ziel zu erreichen. Alle gewinnen oder verlieren gemeinsam. Während des Spiels überwiegt das Gefühl der Freude am gegenseitigen Helfen und die Freude am Unterstütztwerden.
Über das Spiel hinaus wirkt das Gefühl der Gemeinsamkeit, des Vertrauens, der Angstfreiheit, des Teamgeists, des Erfolges. Verlieren verliert seinen Schrecken, denn als Gegenleistung hat man das Gefühl der Gemeinsamkeit.

**Glücksspiele**

Während des Spiels überwiegen die Gefühle der positiven Überraschung oder der Enttäuschung. Der Spieler ist „Wechselbädern" ausgesetzt. Unsichere, ängstliche Kinder können darunter leiden. Trostpreise oder besonders innige Teilnahme am „Pech" können helfen zu lernen, mit diesen Gefühlen zu Rande zu kommen.
Nach dem Spiel können Reste von Erleichterung, Freude, Trauer, Enttäuschung, Ärger, Erfolg übrigbleiben.
Kinder, die unter psychischer Spannung stehen, lassen eventuell nach dem Spiel Dampf ab. Andere nähren die irreale Auffassung „Ich bin immer der Pechvogel".

**Wettbewerbsspiele**

Während des Spiels überwiegen die Gefühle des Stark- oder Schwachseins. Man gewinnt, weil man etwas besser kann als ein anderer. Man verliert, weil man etwas schlechter kann als ein anderer. Nach dem Spiel ist das Selbstbewußtsein gestärkt, Stolz und Überheblichkeit können auftreten, oder es bleibt ein Gefühl des Versagens, des Ärgers, der Unterlegenheit, der Erniedrigung bis hin zu Rachegefühlen.
Es hängt stark vom Sieger ab, ob er durch starkes Hervorheben des Sieges oder gar durch Spott die negativen Gefühle verstärkt. Als besonders negative Wirkung von Wettbewerbsspielen kann die Generalisierung passieren: „Ich bin ohnehin immer der Dumme, der Ungeschickte, der Schwache." Wenn es gelingt, Wettbewerbsspiele ohne negative Gefühle zu verlieren, kann positives Lernen für „Verlierersituationen" im Alltag stattfinden. Wiederum hängt das stark von den Fähigkeiten des beteiligten Erwachsenen ab.

### Kampfspiele

Sie sind dadurch charakterisiert, daß die Spieler einander Fallen stellen, sich gegenseitig rauswerfen können, sich gegenseitig Hindernisse in den Weg legen, oder dem anderen etwas wegnehmen. Das Gefühl von Aggression und Defension, Angst, Rache und Mißtrauen überwiegt während des Spiels. Die Gefühle können nach dem Spiel ähnlich wie beim Wettbewerbsspiel sein, doch richten sich die negativen Gefühle verstärkt auf die anderen Menschen: „Alle sind so gemein zu mir. Alle sind gegen mich."

Auch eine falsche Selbsteinschätzung kann passieren: „Nicht, weil ich ungeschickt war, habe ich verloren, sondern weil die anderen böse sind."

Bei diesen Spielen fällt es dem beteiligten Erwachsenen am schwersten, derartige Generalisierungen abzubauen, weil vielleicht sogar er selbst „gemein" gespielt hat. Andererseits kann, soweit eine freundschaftliche Beziehung herrscht, dies am ehesten akzeptiert werden. Das Kind schmerzt es nämlich ärger, von einem Jüngeren oder Gleichaltrigen besiegt zu werden, als von einem Älteren. Insofern kann das Spiel des Kindes gegen einen Erwachsenen als geeignete Übergangsstufe angesehen werden.

### Rollenspiel

Das Rollenspiel ist eine Methode, Rollen zu erforschen und mit ihnen zu experimentieren. Der Rollenspieler hat die Möglichkeit, Rollen zu ändern. Die Fähigkeit Rollen zu ändern, ist für die Entwicklung des Menschen von großer Bedeutung.

Im Rollenspiel kann der Spieler sich selber oder andere Menschen spielen, er kann sich somit selber erforschen, mit sich selber experimentieren oder sich selber ändern. Spielt er andere Personen, kann er deren Rolle erforschen, und, soweit er die Möglichkeit hat, im Gespräch mit ihnen oder – sofern sie Zuschauer sind, durch das „Vorhalten eines Spiegels", zu deren Veränderung beitragen. Rollenspiel ist immer ein „als ob"-Spiel.

Man spielt entweder „als ob" man eine andere Person wäre oder „als ob" man in einer nicht existenten Situation wäre, oder „als ob" die Situation jetzt Realität wäre, obwohl sie sich in der Vergangenheit ereignet hat oder sich erst in der Zukunft ereignen wird. Das „als ob" kann sich auch auf einen nicht existenten Ort beziehen. Das Rollenspiel kann der Realität sehr nahe oder von ihr weit entfernt sein. Das Rollenspiel kann also große Anteile an Freiheit haben.

Je mehr Freiheit beim Rollenspiel (und somit wenig Zwang zum realitätsgetreuen Nachvollziehen) besteht, umso mehr hat diese Lernform die Bezeichnung „Spiel" verdient und umso mehr ist diese Lernform eine kindgemäße Form. Insofern soll von dramatisierten Texten Abstand genommen werden und das soziale Lernen im Vordergrund stehen, es sei denn, der Text darf von den Rollenspielern frei – bis zur Unkenntlichkeit – verändert werden.

Körperlicher Ausdruck, Geschicklichkeit, sprachliche Intensität, Sprachgewandtheit, Wahrnehmung und Bewegungsfähigkeit sind besonderen Anforderungen ausgesetzt.

*Besondere Formen des Rollenspiels:*

- Das Stegreifspiel: Die Spieler haben keine Textvorlage. In einer kurzen Besprechung wird festgelegt: Wer? Wie alt? Welcher Beruf? Welche Eigenschaften? Welche Absicht? Dann geht das Spiel „aus dem Stegreif" ohne Probe los.
- Die Improvisation: Ohne Besprechung und Probe wird aufgrund eines Impulses (drei Gegenstände, die in der Kreismitte liegen, eine Melodie, ein Gedicht, ein Sprichwort) gespielt.
- Puppenspiel (mit und ohne Bühne)
- Maskenspiel
- Planspiel
- Figurenschattenspiel
- Menschenschattenspiel
- Pantomimisches Spiel

# 5 ICH-SPIELE

## 5.1 Was fühle ich

### 5.1.1 *Stimmungsbild*

**ZIELE**

Stimmungen und Gefühle äußern
Sich vorstellen, kennenlernen
Hemmungen der Gruppe gegenüber abbauen

**SPIELABLAUF**

In der Kreismitte liegt eine große Anzahl von Bildkärtchen (Anzahl der Spieler mal zwei). Jeder Spieler sucht ein Bild aus, das seiner momentanen Stimmung entspricht und begründet seine Wahl gegenüber den anderen.

**BEISPIEL**

„Ich habe das Bild mit dem Liegestuhl genommen, da ich momentan sehr müde bin."

**VARIANTE**

Ein Stimmungsbild zeichnen

**HINWEIS**

Nicht jedem Mitspieler gelingt es, sich seine momentane Stimmung bewußt zu machen. Hilfreich ist hier der Hinweis des Spielleiters, daß auch die Stimmung der letzten Tage oder die Stimmung der letzten Zeit genannt werden kann.
Ein Spielleiter, der seinen Spielern noch keine Bildkärtchen zur Verfügung stellen kann, kann sich so helfen: Er bittet jeden Mitspieler, aus Illustrierten je ein Bild in Postkartengröße herauszuschneiden, das für ihn eine positive Stimmung und eines, das eine negative Stimmung zeigt. Die Bilder werden auf Karten geklebt und mit Folie überzogen.
Nach dem Spiel kennen die Spieler die Spielintention bereits. Sie können nun dem Spielleiter nochmals helfen, Bilder zu sammeln.

**REFLEXION**

Wozu dient es, wenn du dir deine eigene Stimmung bewußt machst? In welchen Situationen treten ähnliche Stimmungen bei dir auf? Bist du in erster Linie von momentanen Stimmungen oder von allgemeinen Stimmungen abhängig? Wie weit wird deine Stimmung durch die Gruppe beeinflußt? Was kann dazu beitragen, deine jetzige Stimmung zu verändern?

**WEITERSPIELEN**

*F 5.1.2* *Blitzlicht*
*F 5.3* *Wie bin ich*
*F 6.1.12* *Dein Lieblingsplatz*
*F 6.1.13* *Das Geschenkespiel*
*E 5.1* *Was mag ich*
*E 7.1.1* *Luftballonspiel*
*E 7.3.1* *Das Aufweckspiel*
*E 7.3.2* *Das Mengenspiel*
*E 7.2.3* *Viele Fragen an den Neuen*

## 5.1.2 *Blitzlicht*

### ZIELE

Stimmungen und Gefühle äußern
Sich vorstellen, kennenlernen
Hemmungen der Gruppe gegenüber abbauen
Verbalisieren von Gefühlen

### SPIELABLAUF

Die Spieler einigen sich auf ein Thema und versuchen ihre Stimmung mittels dieses Themenkreises zu beschreiben.

Beispiele aus dem Themenkreis „Wetter“:
„Ich fühle heute in mir eine Gewitterstimmung.“
„Mir ist heute noch etwas nebelig zumute.“

Beispiele aus dem Themenkreis „Wasser“:
„Ich fühle mich wie ein rauschender Gebirgsbach.“
„Ich fühle mich wie ein stiller, tiefer See.“

### HINWEIS

In Gruppen, wo sprachliche Probleme bestehen, sind nonverbale „Was fühle ich“-Spiele, wie etwa das Spiel 5.1.3 „Stimmungsbarometer“, als Vorübung günstig.

### VARIANTE

Die Spieler einigen sich auf ein Material, mittels dessen sie ihre Stimmung veranschaulichen können.

### BEISPIEL

Jeder Mitspieler zeigt einen Stein oder ein buntes Tuch, das seiner Stimmung entspricht.

### REFLEXION

Ist es dir angenehm, deine Stimmung den anderen mitzuteilen? Hast du Mitspieler entdeckt, die sich in einer ähnlichen Stimmung befinden?

WEITERSPIELEN

*F 5.1.3*
*Stimmungsbarometer*

*F 5.1.1*
*Stimmungsbild*
*und alle „Weiterspielvorschläge“ von Spiel F 5.1.1*

## 5.1.3 *Stimmungsbarometer*

### ZIELE

Stimmungen und Gefühle äußern
Sich vorstellen, kennenlernen
Hemmungen der Gruppe gegenüber abbauen
Verbalisieren von Eindrücken
Hilfe anbieten

### SPIELABLAUF

Alle Mitspieler stellen sich auf Kommando auf den Stuhl, setzen sich auf den Stuhl oder auf den Boden, je nach Höhenlage der Stimmung. Jene Mitspieler, die einen auffälligen „Stimmungshöhenflug“ haben, oder diejenigen, die ganz „Parterre“ sind, können gefragt werden, ob sie erklären wollen, was es mit ihrer Stimmung auf sich hat.

### VARIANTE

Nachdem die Mitspieler gerätselt haben, warum die Stimmung eines einzelnen „extrem“ sein könnte, kann der Betroffene sagen, was zutreffend ist.

### HINWEIS

Bei diesem Spiel ist die Freiwilligkeit bei der anschließenden Befragung des Betroffenen besonders wichtig. Anfangs kann es günstig sein, nur mit jenen Mitspielern über ihre Stimmung zu sprechen, denen es besonders gut geht. Ein Gespräch unter vier Augen zwischen dem Spielleiter und demjenigen Mitspieler, dem es schlecht geht, hängt von dem Vertrauensverhältnis der beiden ab.

### WEITERSPIELEN

**F 5.1.4**
*Der Körper zeigt Stimmung*

**F 5.1.2**
*Blitzlicht*
*und alle Weiterspielvorschläge von Spiel F 5.1.1*

### REFLEXION

Wie ist das allgemeine „Stimmungsbild“ der Gruppe?
Unterscheidet sich dein Stimmungsbild von dem der meisten Gruppenmitglieder?
Kann dir die Gruppe helfen?
Was kann dich daran hindern, mit der Gruppe über deine Stimmung zu sprechen?
Wann warst du bereits einmal „am Boden zerstört“?
Was läßt dich „über den Wolken schweben“?

5.1.4

# Der Körper zeigt Stimmung

**WEITERSPIELEN**

F 5.1.5
*Kritzelbilder*

F 5.1.3
*Stimmungsbarometer*

F 5.3.8
*Eigenschaften gesucht*

F 6.1.2
*Name und Bewegung*

F 6.1.9
*Wahrheit oder Lüge*

F 6.2.2
*Du beobachtest mich beim Spiel*

F 7.5.7
*Imponiergehabe der Streithähne*

F 8.3.2
*Schattentechnik*

E 5.1
*Was mag ich*

E 6.2
*Dich wahrnehmen*

E 7.5.8
*Die Friedenssprache*

E 7.5.13
*Wolf im Schafspelz*

E 8.1
*Statuenspiel*

E 8.2.3
*Märchenfiguren ändern sich*

E 8.3
*Pantomimisches Spiel*

## ZIELE

Stimmungen und Gefühle äußern
Kommunikation aufnehmen
Die Ehrlichkeit von Gefühlsäußerungen analysieren
Körpererfahrung sammeln
Soziale Wahrnehmung

## SPIELABLAUF

Reihum zeigt jeder Mitspieler der Gruppe entweder durch einen Gesichtsausdruck, durch Körperbewegung oder Körperhaltung, wie er sich gerade fühlt.

## VARIANTE

Ein Ausspruch zeigt Stimmung.

## HINWEIS

Für manche Spieler ist es besonders schwierig, mittels ihres Körpers anderen Menschen Einblick in ihre Gefühlslage zu geben. Und doch ist der Körper eines der ehrlichsten Ausdrucksmittel: Der Körper lügt nicht. Versucht er es doch, ist er leicht entlarvt. Nicht selten begegnen wir Menschen, bei denen die Worte das Gegenteil von dem sagen, was uns der Körper signalisiert.

## REFLEXION

Welche Gefühlsausdrucksform liegt dir mehr: mit Worten deine Stimmung zu zeigen oder mit dem Körper? Versuche es einmal mit beidem gleichzeitig! Im Alltag findest du meist diese Kombination.
Wie empfindest du, wenn bei einem Menschen beides in Widerspruch steht?

## ROLLENSPIEL

Wer ist der Täter?
Ein „Kriminalkommissar“ verläßt den Raum.
5 Mitspieler sitzen in einer Reihe da und machen sich aus, wer der „Täter“ ist. Dieser hat den Auftrag, beim Verhör eine Körperhaltung oder Mimik zu zeigen, die mit seinen Antworten nicht übereinstimmt. Der „psychologisch geschulte“ Kommissar erkennt natürlich bald den Täter.

## 5.1.5 Kritzelbilder

### ZIELE

Stimmungen und Gefühle äußern
Aggressionsabbau
Gefühle bewältigen
Gefühle erkennen
Symbole für Gefühle finden

### SPIELABLAUF

Jeder Mitspieler hat einen Zettel sowie verschiedene Schreibmaterialien zur Auswahl und darf sich auf seinem Zettel austoben. Er kritzelt drauflos. Das, was er kritzelt, ist meist kein konkretes Bild. Und doch kann man erkennen, ob der Spieler gut oder schlecht gelaunt, ob er verkrampft oder locker, glücklich, traurig oder übermütig war.
Die Mitspieler stellen nachher einander ihre Kritzelbilder vor.
Sie können auch die anderen raten lassen. „Stimmungsplakate" können gruppenweise nach gleichen Stimmungen zusammengeklebt werden.

### VARIANTEN

- Die Mitspieler bekommen vom Spielleiter konkrete Aufträge.
  z. B.: „Kritzelt alle ein Zornbild!"
- Die Mitspieler bilden Paare und schauen einander beim Kritzeln zu. Sie erkennen an der Bewegung, Mimik und Gestik während des Kritzelns die Stimmung des Partners.
- Alle Kritzelbilder stehen der Gruppe zur Auswahl. Jeder sucht sich eines aus, das seiner momentanen Stimmung entspricht.
- Auf einzelne Zettel werden Aussprüche geschrieben, die eine Stimmung widerspiegeln. Diesen Aussprüchen werden dann Kritzelbilder zugeordnet.
- Die Gruppe schreibt ein Plakat mit lauter traurigen Dingen. Das Plakat erhält dann einen „Kritzeltrauerrand".

### HINWEIS

Kritzeln kann dem Aggressionsabbau dienen. Aggressive Kinder können öfters aufgefordert werden, ihren Zorn wegzukritzeln.
Bei Konflikten in der Klasse können die Kinder aufgefordert werden, den Vorfall wegzukritzeln.

### REFLEXION

Hat das Kritzeln dein Gefühl verstärkt oder abgeschwächt?
Wie sieht ein Zornbild aus? Wie sind die Linien und Farben bei Freude? Sehen wirklich alle „Freudebilder" gleich aus?
Denke an deine Schrift in Schulheften:

**WEITERSPIELEN**

F 5.1.6 *Stimmungsbauten*
F 5.1.4 *Der Körper zeigt Stimmung*
F 5.3.4 *Die Ich-Ausstellung*
F 6.3.1 *Zu zweit mit einem Stift zeichnen*
F 7.5.7 *Imponiergehabe der Streithähne*
F 8.1.5 *Skulpturen als Gefühlsbarometer*
E 5.1.1 *Dieses Bild mag ich*
E 6.1.3 *Namensschriften sammeln*
E 7.5.8 *Die Friedenssprache*
E 8.3 *Pantomimisches Spiel*

Wie schreibst du bei Wut, wie schreibst du, wenn du gut gelaunt bist?
Setze „wutentbrannt“ deine Unterschrift auf ein Blatt Papier!

### ROLLENSPIEL

Du schreibst einen empörten Brief an jemanden.
Die Schrift ist der Stimmung entsprechend. Beim Schreiben sprichst du mit.
Probiere es auch mit einem Liebesbrief!

## 5.1.6 Stimmungsbauten

### ZIELE

Stimmungen und Gefühle äußern
Die Wirkung von Einflüssen der Umgebung erkennen
Optische und taktile Wahrnehmung fördern

### SPIELABLAUF

Jeder Mitspieler erhält bis zu zehn Bauklötze. Das Gebilde, das er baut, soll seine Stimmung ausdrücken.

### VARIANTEN

- Beispiele für andere Materialien:
  Steine
  eine Auswahl von einfärbigen oder gemusterten Tüchern
  Glasperlen
  Blätter
  Inventar aus dem Puppenhaus
  Inhalt der Schultasche
  Knetmasse
  Wurzeln und Zweige
  Blumen
  Geschirr
  mehrere Stühle
- Versucht in eurem Raum eine Stimmung zu erzeugen, die aufmuntert oder die bedrückt!

### REFLEXION

Welches Material spricht dich am meisten an?
Kannst du mit bestimmten Materialien bestimmte Stimmungen besonders gut darstellen?
Stelle mit ein und demselben Material zwei gegensätzliche Stimmungen dar!
Kann das Material deine Stimmung beeinflussen?
Kann der Anblick der Stimmungsbauten deiner Mitspieler deine eigene Stimmung beeinflussen?
Was sagen Wohnbauten über die Menschen aus, die in ihnen wohnen? Wie beeinflußt die Umgebung, in der sich Menschen aufhalten, ihre Stimmung?

WEITERSPIELEN

F 5.1.7 *Stimmungszettel*
F 5.1.5 *Kritzelbilder*
F 5.3.4 *Die Ich-Ausstellung*
F 6.1.12 *Dein Lieblingsplatz*
F 7.4.1 *Gruppennetz*
F 7.4.6 *Steinfeld*
E 5.1 *Was mag ich*
E 5.3 *Was nehme ich wahr*
E 8.1.4 *Statuenpaare*

## 5.1.7 *Stimmungszettel*

### ZIELE

Stimmungen und Gefühle äußern
Die Gruppenstimmung kennenlernen
Rückmeldung über den Gruppenprozeß geben
Unmut loswerden

### SPIELABLAUF

Jeder Mitspieler schreibt auf einen kleinen Zettel in einem Satz seine Stimmung auf. Die Zettel werden reihum weitergegeben. Am Ende hat wiederum jeder seinen eigenen Zettel und kennt die Stimmung der anonymen Gruppenmitglieder, hat aber auch einen Eindruck von der Grundstimmung in der Gruppe. Auf einem weiteren Zettel kann er nun seinen Eindruck von der Gruppenstimmung reihum wandern lassen.

### VARIANTE

Statt „Stimmungszettel" können auch „Wunschzettel" im Kreis wandern, die die Wünsche der Mitspieler bezüglich der Gestaltung weiterer Gruppenarbeiten enthalten. Diese Wünsche können inhaltlicher Art sein, können aber auch Wünsche an das Verhalten des Spielleiters oder eines Mitspielers sein.

### HINWEIS

Diese Methode dient auch dem Spielleiter als feedback.
Sie ist wenig zeitaufwendig. Der Spielleiter hat die Möglichkeit, die Zettel aufzubewahren und noch einmal in Ruhe durchzusehen.
Die einzelnen Mitspieler können ihre eigene Stimmung mit der Gruppenstimmung vergleichen und in Einklang bringen.

### REFLEXION

Da dieses Spiel meist am Ende einer Spielserie gespielt wird und bereits der Reflexion dient, findet hier keine eigene Reflexion mehr statt.

### ROLLENSPIEL

Der Gemeindesekretär bringt dem Bürgermeister die anonymen Briefe aus dem „Meckerbriefkasten" der Gemeinde.

WEITERSPIELEN

*F 5.1.8*
*Stimmungsmusik*

*F 5.1.6*
*Stimmungsbauten*

*F 5.2.1*
*Brainwriting*

*F 5.3.7*
*Eigenschaften verteilen*

*F 6.1.11*
*Ich beschreibe dich*

*F 7.4*
*Beziehungsspiele*

*E 7.4.6*
*Der Notfallkoffer*

## 5.1.8 Stimmungsmusik

### ZIELE

Stimmungen und Gefühle äußern
Aggressionsabbau
Akustische Wahrnehmung schulen
Hemmungen abbauen
Kooperation fördern
Die Übereinstimmung zwischen Stimme und sprachlichem Inhalt hinterfragen

### SPIELABLAUF

Die Mitspieler zeigen mit Hilfe von Orff-Instrumenten, mit Hilfe von Körpergeräuschen oder Lauten ihre Stimmung.

### VARIANTEN

- Ein Mitspieler sagt eine provokante Äußerung, die anderen Mitspieler reagieren durch Geräusche und zeigen somit, was diese Äußerung bei ihnen auslöst.
- Die Mitspieler sagen in einem Satz ihre Stimmung. Sie sprechen dabei mit verstellter Stimme. Sie experimentieren mit der Stimme: laut, leise, schrill, dumpf, hoch, tief, schnell, langsam, . . .
  Wie passen die Stimme und das Gesagte zusammen?
- Die Mitspieler lassen sich gruppenweise vom Spielleiter einen Gestaltungsauftrag (Geräuschimprovisation) geben. In wenigen Minuten haben sie eine Improvisation erfunden und stellen sie den anderen Mitspielern vor:
  Trauermarsch, Hochzeitsmarsch, Freudentanz, Totentrommel, Kriegstrommeln, Kriegsgeschrei, Freudengeheul, Liebesständchen, Protestmarsch, . . .
- Jede Gruppe sucht Musikbeispiele zu einem Thema (Stimmung) und läßt die anderen Gruppen raten.

### REFLEXION

Wie können Geräusche, Laute, Töne, Musik unsere Stimmung beeinflussen?
Nenne Musik und Musikbands, die Aggression/Liebe/Traurigkeit/Harmonie/Hektik/ . . . ausstrahlen!
Wie leicht bist du dabei beeinflußbar?
Nenne Situationen im Alltag, bei denen deine Stimmung durch akustische Impulse beeinflußt wird!
Sprecht über akustische Hilfsmittel der Stimmungsmacher bei Massenansammlungen von Menschen!

### WEITERSPIELEN

*F 5.1.9* *Gefühlslandschaft*
*F 5.1.8* *Stimmungszettel*
*F 7.5.6* *Kriegstanz*
*E 5.3.7* *Geräusche wahrnehmen*
*E 6.3.6* *Klatschspiele zu zweit*
*E 7.2.3* *Gemeinsam sind wir laut*
*E 7.4.5* *Das Hilfeschreispiel*
*E 7.4.11* *Das Schmerzschreispiel*
*E 7.5.5* *Wilde Tiere*
*E 7.5.11* *Geisterbahn*
*E 7.5.12* *Vampir-Spiel*

5.1.9

# Gefühlslandschaft

WEITERSPIELEN

F 5.2.2
*Satzergänzungen*
F 5.3
*Wie bin ich*
F 5.1.10
*Mimikwürfel zeigen Gefühle*
F 6.1
*Dich kennenlernen*
F 6.2
*Dich wahrnehmen*
F 7.1.3
*Durch den Wald tasten*
F 7.1.4
*Über Wurzeln stolpern*
F 7.1.5
*Durch das Dickicht*
F 7.5.8
*Spießrutenlauf*
F 8.1.4
*Familienskulpturen*
F 8.3.4
*Befragung*
F 8.3.8
*Episches Spiel*
E 7.1.4
*Begrüßung am Morgen*
E 7.3.1
*Das Aufweckspiel*
E 7.4
*Helferspiele*
E 5.1.9
*Stimmungsmusik*

## ZIELE

Stimmungen und Gefühle äußern
Einander kennenlernen und sich vorstellen
Sich Gefühle bewußt machen
Hilfe geben und Hilfe annehmen können

## SPIELABLAUF

Jeder Mitspieler braucht ein Blatt Papier im DIN-A-4-Format.
Der Spielleiter erklärt:

„In der Mitte des Blattes sieht man von links nach rechts den ‚Tagesweg'. Hier bewegt sich der Mensch, wenn es ihm weder gut noch schlecht geht, durch den Tageslauf. Der Weg ist ganz gerade. Es ist fast ein wenig langweilig, auf ihm dahinzugehen.
Ganz links ist der Morgen, ganz rechts am Weg ist man am Abend angelangt.
Oberhalb des Weges ist eine Wiese mit frischem Gras. Wem der Weg zu gerade und zu eintönig ist, der läuft durch die Wiese und schon wird die Laune besser. Der Streifen oberhalb der Wiese ist ein sanfter Hang mit Blumen. Wer hier entlangwandert, kann Blumen pflücken, Schmetterlinge, Bienen und Käfer beobachten. Wer hier geht, der ist sicher schon recht zufrieden. Oberhalb dieses Streifens ist es hügelig. Es gibt verschiedene Bäume, Bäche, allerlei Tiere und nette Wanderwege. Man fühlt sich entspannt und frei.
Steigt man noch höher hinauf, kommt man über die Baumgrenze. Die Berge werden steil. Die Landschaft wird sehr abwechslungsreich, Wasserfälle plätschern, Almhütten laden ein, wir erklimmen Gipfel, genießen die Aussicht und die Ruhe. Wir schauen hinab ins Tal und sind froh, daß wir hier heroben sind. Wir sind glücklich, vor allem dann, wenn wir ganz oben auf einem Gipfel sind und das stolze Gefühl haben, etwas erreicht zu haben, was nicht allen anderen gelingt.
Ganz oben auf unserem Bild ist der Himmel mit Wolken und Vögeln. Wenn wir da oben sind, ist es wie in einem schönen Traum. Losgelöst von der Erde schweben wir auf einer Wolke sitzend dahin: Unsere Freiheit ist unendlich groß, alle Pflichten und Sorgen sind weit weg – wir sind sehr glücklich.
Nun schauen wir uns an, wie das Bild unterhalb des ‚Tagesweges' aussieht. Der Wegesrand ist sandig und lehmig. Es wächst fast nichts. Hier neben dem Weg zu gehen ist sehr langweilig. Noch weiter unten liegen große Steine umher. Man stolpert oft. Dann kommt ein Streifen mit Sumpf und Gestrüpp. Oft muß man Umwege machen oder tut sich weh. Manchmal steigt man in einen Morast oder in eine Pfütze. Hier fühlt man sich gar nicht wohl. Weiter unten wird es noch unwegsamer, ja ein fast undurchdringlicher Urwald ist zu bewältigen. Dornen und dichtes Gestrüpp machen ein Weiterkommen fast unmöglich. Gefährliche Schlangen flößen uns Angst ein. Es ist feucht, dunkel und unwirtlich. Wer hier gehen muß, kann sich leicht verirren und verzweifeln."

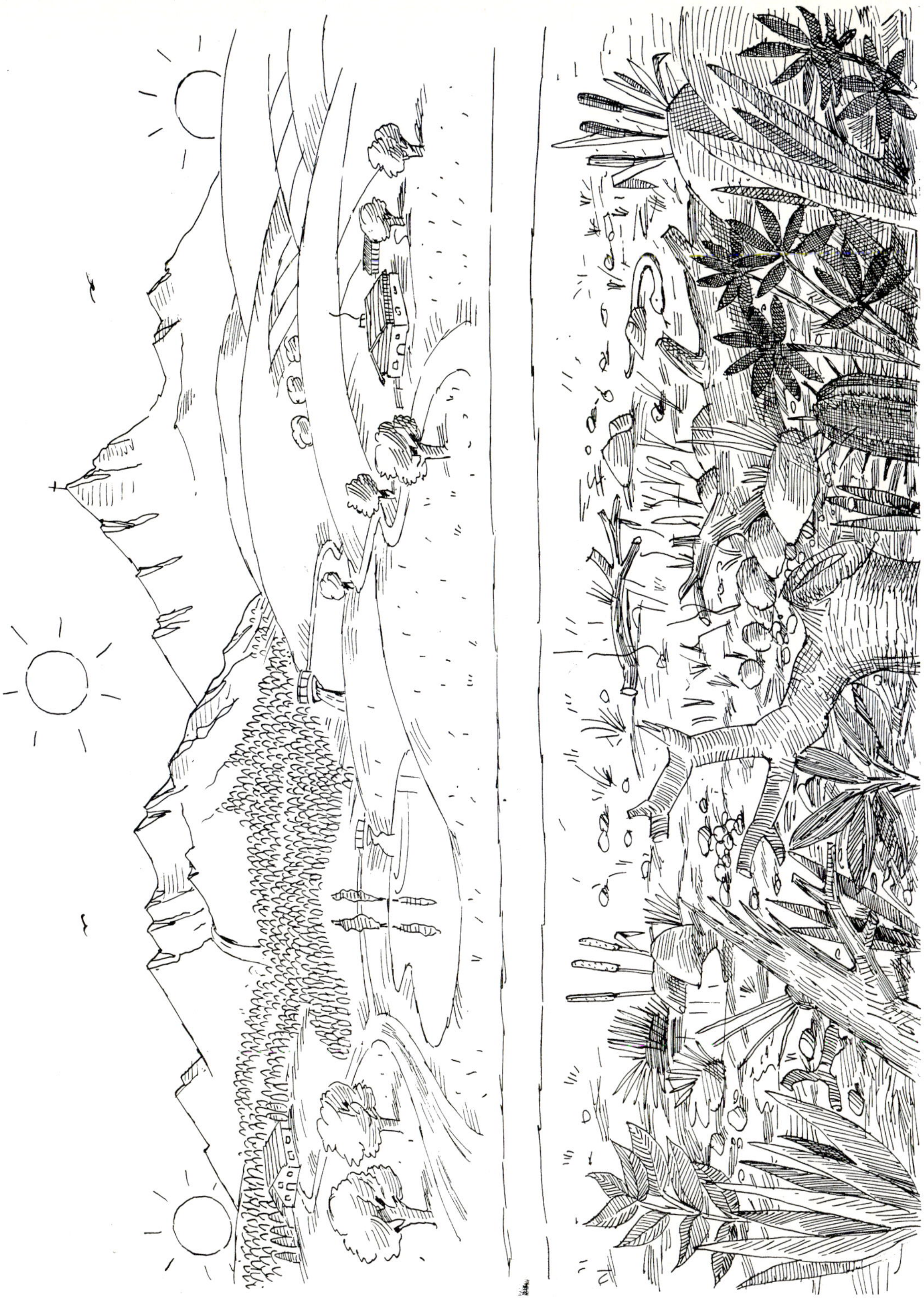

Entweder der Spielleiter teilt den Mitspielern die Kopiervorlage aus, oder er skizziert den Mitspielern die Zeichnung während des Erzählens vor, und die Mitspieler machen sich ihre Landschaft selber. Nun zeichnen sie sich in Form von Strichfiguren gemäß ihrer Stimmung (z. B. gestern) zu verschiedenen Tageszeiten ein. Zum Schluß ziehen sie eine Linie von Männchen zu Männchen. Die Stimmung im Tageslauf wird sichtbar. Wird das Bild nicht beschriftet, kann ein Partner raten, was die einzelnen Stationen darstellen.

## BEISPIEL

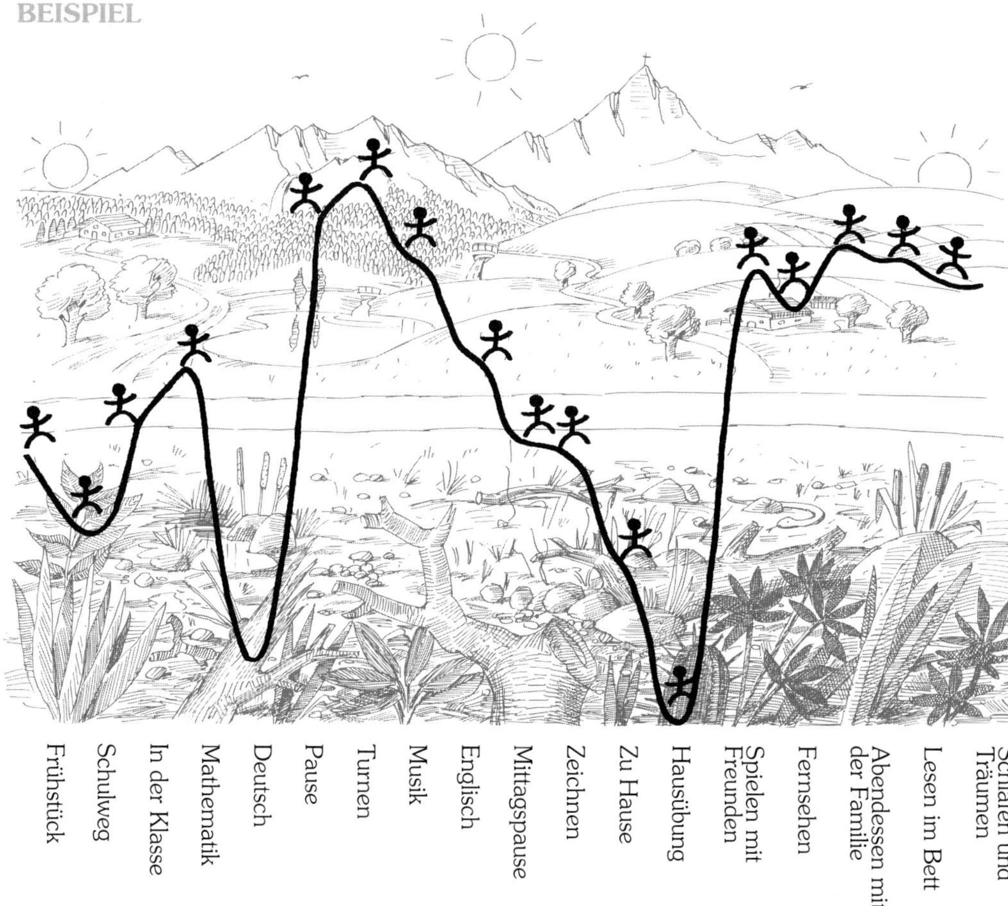


## REFLEXION

Was zeigt deine Linie? Ist deine Stimmung großteils positiv oder großteils negativ? Was sagen deine Tiefpunkte und deine Höhepunkte aus? Kannst du deine Gefühle an bestimmten Stationen näher beschreiben? Was macht dich glücklich oder unglücklich? Wer kann dir helfen, glücklicher zu werden? Was kannst du selber tun? Sieht jede „Tageskurve“ bei dir gleich aus? Zeichne die Kurve von einem Tag, an dem alles „ganz gut“ läuft!

## 5.1.10 *Mimikwürfel zeigen Gefühle*

### ZIELE

Stimmungen und Gefühle äußern
Gefühle anderer wahrnehmen

### SPIELABLAUF

Zuerst möchte ich die sechs Würfelbilder vorstellen:

Der Strahlemann
ist sehr gut drauf.

Der Erstaunte
wundert sich nur.

Der Optimist
ist gut dabei.

Der Pessimist
ist schlecht drauf.

Der Unentschiedene
weiß es noch nicht.

Der Zornige
ist sehr wütend.

### VARIANTEN

- So lange würfeln, bis die eigene Stimmung gewürfelt ist.
- Die vermutete Stimmung eines Mitspielers würfeln.
- Der Spielleiter nennt eine Alltagssituation. Jeder Mitspieler würfelt so lange, bis der Würfel die Stimmung zeigt, die er glaubt, dabei zu haben.
- Alle Mitspieler ziehen eine Grimasse. Einer muß erraten, wie das dargestellte Würfelbild heißt.
- Ein Mitspieler würfelt dreimal hintereinander. Nun erzählt er eine Geschichte, die zu den drei Würfelbildern paßt.

### HINWEIS

Die Mimikwürfel sind als sogenannte MIMÜRFEL von Hajo Bücken erhältlich bei: Arbeitsstelle für Neues Spielen. Vor dem Steintor 33, 2800 Bremen 1.
Sie sind in Österreich auch unter folgenden Adressen erhältlich: AGB-Wien, Arbeitsgemeinschaft für Gruppenberatung, Hüttelbergstraße 61, 1140 Wien.
Oder: Arbeitsgemeinschaft für Gruppenberatung, Pulvermühlstraße 6, 4040 Linz.

WEITERSPIELEN

*F 5.1.9*
*Gefühlslandschaft*
*F 5.3.7*
*Eigenschaften verteilen*
*F 6.1.11*
*Ich beschreibe dich*
*F 6.2*
*Dich wahrnehmen*
*F 8.1*
*Spiel mit Skulpturen*
*E 6.2.4*
*Du zeichnest mich*
*E 8.1*
*Statuenspiel*
*E 8.3*
*Pantomimisches Spiel*

# 5.2 Was denke ich

## 5.2.1 *Brainwriting*

### ZIEL

Gedanken ohne Scheu und ohne Angst vor Kritik äußern

### SPIELABLAUF

Jeder Mitspieler schreibt auf einen Zettel eine Aussage, eine Frage oder ein Problem. Die Zettel werden nun reihum im Kreis weitergegeben. Jeder kann nun auf jeden Zettel, den er erhält, eine Meinung, eine Aussage, einen Vorschlag oder eine zusätzliche Frage schreiben. Dabei kommt es rasch zu sehr vielfältigen Gedankensammlungen und Ideen. Es soll dabei auch nicht allzu lange überlegt werden. Das Hinschreiben von augenscheinlichen Unmöglichkeiten ist ebenso erlaubt, wie Gefühlsäußerungen zu einem Problem.

### VARIANTEN

- Die Zettel werden auf die Sessel oder Tische, die im Kreis stehen, gelegt. Die Mitspieler müssen sich beim Dazuschreiben von Kommentaren nicht an die Reihenfolge halten.
- Die etwas größeren Zettel (Plakate) werden an die Wand geheftet. Es wird mit dicken Plakatschreibern in großer Schrift geschrieben. Dies erweist sich vor allem dann günstig, wenn über die fertigen Plakate später gesprochen werden soll.
- In der Mitte steht ein großer Tisch, um den sich alle Mitspieler stehend bequem versammeln können (ev. mehrere Tische zusammenrücken!). Der Tisch wird mit Packpapier ausgelegt. Jeder Mitspieler hat einen Stift und schreibt an beliebige Stellen des Plakats seine Kommentare, Fragen, Meinungen oder Ausrufe. Er bezieht sich dabei anfangs nur auf die große Überschrift (Stichwort, Frage, Schlagwort, . . .), dann aber auch auf die von anderen Mitspielern bereits dazugeschriebenen Kommentare. Sanfte Musik im Hintergrund kann für gute Stimmung beim Schreiben sorgen.

### REFLEXION

Welche Äußerungen anderer haben dich auf weiterführende Gedanken gebracht?

*WEITERSPIELEN*

*F 5.2.2* Satzergänzungen
*F 5.1.7* Stimmungszettel
*F 6.3.4* Zu zweit Geschichten bauen
*F 7.2* Kooperationsspiele
*F 8.2* Planspiel
*F 7.2.5* Gemeinsam die Klasse planen
*E 6.3* Mit dir zusammenarbeiten

5.2.2

# Satzergänzungen

## ZIEL

Meinungen äußern und Meinungen sammeln

## SPIELABLAUF

Jeder Mitspieler erhält 5 bis 30 kleine Zettel (je nach Anzahl der Sätze), die er durchnumeriert.

Der Spielleiter diktiert nun den Mitspielern den ersten Satzanfang, den diese auf den ersten Zettel schreiben und sogleich auch ergänzen. Die Zettel werden nun gleich eingesammelt und auf einem Tisch aufgebreitet. Dann kommt Zettel, Satzanfang und Satzergänzung Nummer 2 dran. Diese Zettel kommen wieder auf einen eigenen Tisch, usw.

Am Ende besichtigen alle Mitspieler, welche verschiedenen Aussagen es zu den einzelnen Satzanfängen gibt.

Selbstverständlich kann dann über einige Themen diskutiert werden.

## BEISPIELE

*Aus dem Bereich Schule:*
Wir sollten in der Schule öfter . . .
Mir gefällt an der Schule, daß . . .
Am Lehrer mag ich, daß . . .

*Aus dem Bereich Freizeit:*
Ich möchte mehr Freunde haben, damit . . .
Ich spiele gerne mit . . .
Meine Eltern lassen mich in der Freizeit nicht . . .

*Aus dem gesellschaftspolitischen Bereich:*
Die Ausländerkinder in unserer Schule . . .
Mit unserer Umwelt stünde es besser, wenn . . .
Wenn ich erwachsen bin, werde ich . . .

## VARIANTE

Jeder Mitspieler erhält einen Zettel mit allen Satzanfängen (siehe Kopiervorlage, S. 30) Er sucht sich mindestens 10 aus, die er beantworten möchte. In Kleingruppen besprechen die Mitspieler ihre Ergebnisse. Der Spielleiter hält sich aus der Besprechung raus, damit die Anonymität der Äußerungen gewahrt bleibt.

WEITERSPIELEN
F 5.2.1 *Brainwriting*
F 5.3 *Wie bin ich*
F 6.1 *Dich kennenlernen*
F 6.2 *Dich wahrnehmen*
F 7.1.1 *Rufen, fragen, erzählen*
F 7.4 *Beziehungsspiele*
F 8.1.4 *Familienskulpturen*
F 8.3.4 *Die Befragung*
F 8.3.9 *Personifizierte Einflüsse*
E 5 *Ich-Spiele*
E 7.2.3 *Viele Fragen an den Neuen*
E 7.3.5 *Informationen für den Neuen*
E 7.4.2 *Das Trösterspiel*
E 7.4.3 *Das Helferspiel*
E 8.1.7 *Der Fotograf*

1. Wir sollten in der Schule öfter . . .

2. Mir gefällt an der Schule, daß . . .

3. Am Lehrer mag ich, daß . . .

4. Ich will nicht, daß . . .

5. Wenn ich mir etwas Unmögliches wünschen dürfte, dann möchte ich . . .

6. Mein bester Freund in der Klasse ist . . ., weil . . .

7. In der Schule fürchte ich mich vor . . .

8. Mir ist in der Schule langweilig, wenn . . .

9. In der Schule ist es lustig, wenn . . .

10. In der Pause . . .

11. Wenn zu Mittag der Unterricht aus ist, . . .

12. Zu Streitigkeiten in der Klasse kommt es, wenn . . .

13. Besonders gemütlich ist es in der Schule, wenn . . .

14. Wenn Ferien sind, . . .

15. Meine Eltern meinen, daß ich in der Schule . . .

16. Wenn es die Schule nicht gäbe, . . .

17. Wenn ich das Schulhaus betrete, denke ich mir . . .

18. Ich möchte, daß unser Lehrer . . .

19. Ich möchte nicht, daß unser Lehrer . . .

20. An unserer Klassengemeinschaft gefällt mir, daß . . .

21. An unserer Klassengemeinschaft gefällt mir nicht, daß . . .

22. Beim Schulausflug . . .

23. Wenn ich in der Schule Hilfe brauche, . . .

24. Die Schule ist für mich anstrengend, wenn . . .

25. Die anderen mögen mich nicht, wenn . . .

26. Am Nachmittag bin ich am liebsten mit . . . aus unserer Klasse zusammen, weil . . .

27. Der schlimmste Schultag war für mich, als . . .

28. Der schönste Schultag war für mich, als . . .

29. Ich helfe anderen Schülern bei . . .

30. Auf dem Schulweg . . .

# 5.3 Wie bin ich

## 5.3.1 *Zeitungsanzeige*

### ZIELE

Eigenbild und Selbstwahrnehmung schärfen
Eigene Unzulänglichkeiten zugeben
Eigene Stärken anderen gegenüber darstellen
Umgang mit Bescheidenheit und Angeberei

### SPIELABLAUF

Jeder Mitspieler erhält einen Zettel und soll sich selber in drei bis fünf Sätzen beschreiben. Er soll es den Ratenden jedoch nicht zu schwer machen. Daraufhin werden die Zettel in eine große Schachtel gelegt. Jeder Mitspieler zieht einen Zettel und sucht die Person, die auf diesem beschrieben ist. Wenn die Person gefunden ist, legt er den Zettel in die Schachtel zurück, zieht einen neuen Zettel und sucht wieder. Die Dauer des Spiels ist beliebig.

### VARIANTE

Jeder Mitspieler stellt sich wahrheitsgetreu, jedoch beschönigend und die Vorzüge herausstreichend in seiner Personenbeschreibung dar. Er möchte sich damit in einem Inserat um die Stellung eines Models für Werbeaufnahmen bewerben.
Andere Möglichkeit: Heiratsvermittlung

### HINWEIS

Günstig ist es, wenn bei Gruppen, in denen sich die Mitspieler noch fremd sind, viele äußere Merkmale in der Beschreibung dabei sind. Wenn die Mitspieler einander schon gut kennen, können vermehrt Eigenschaften als Erkennungsmittel verwendet werden.

### REFLEXION

War es für dich schwierig, dich selber zu beschreiben? War es dir unangenehm?
Gab es Beschreibungen, in denen die Personen auch Unzulänglichkeiten über sich selber preisgaben?

### ROLLENSPIEL

Vier Personen sitzen in einem Gasthaus gemütlich beisammen. Sie hören im Radio die Nachrichten. Es wird von einem Raubüberfall berichtet. Daraufhin entwickelt sich eine Diskussion unter den Vieren, zum Thema „Öffentliche Sicherheit heutzutage“. Kurze Zeit später gibt der Radiosprecher eine Personenbeschreibung des Räubers bekannt. Dabei wird einer der vier Gasthausbesucher beschrieben. Wie reagiert er? Wie reagieren seine Bekannten?

### WEITERSPIELEN

*F 5.3.2* *Personenraten*
*F 6.1* *Dich kennenlernen*
*F 6.2* *Dich wahrnehmen*
*F 7.1* *Aufwärmspiele für die Gruppe*
*F 7.2* *Kooperationsspiele*
*F 7.5.10* *Agentenspiel*
*F 8.1* *Spiel mit Skulpturen*
*E 6.2* *Dich wahrnehmen*
*E 7.1* *Aufwärmspiele für die Gruppe*
*E 7.3.2* *Das Mengenspiel*
*E 8.1* *Statuenspiel*
*E 8.2.1* *Märchenfigurenpaare*

## 5.3.2 Personenraten

### ZIELE

Eigenbild und Selbstwahrnehmung schärfen
Optisches Gedächtnis trainieren

### SPIELABLAUF

Die Mitspieler gehen blind im Raum umher. Der Spielleiter ruft „Stopp!“ Daraufhin bleiben alle Mitspieler blind stehen. Einem Mitspieler tupft der Spielleiter auf die Schulter. Dieser beschreibt sich in einigen Sätzen. Dann kommt das Kommando „Blind weitergehen!“, zuletzt das Kommando „Augen auf!“ und „Wer findet zuerst die Person, die sich beschrieben hat?“

### HINWEIS

Bei Gruppen, deren Mitspieler einander bereits gut kennen, ist das Verstellen der Stimme von Vorteil.

**WEITERSPIELEN**

*F 5.3.1*
*Zeitungsanzeige*

*F 5.3.3*
*Ich bin in der Illustrierten und alle Weiterspielvorschläge von Spiel F 5.3.1*

## 5.3.3 Ich bin in der Illustrierten

### ZIELE

Eigenbild und Selbstwahrnehmung schärfen
Wunschbild und Realität gegenüberstellen
Selbstdarstellung üben
Gemeinsamkeiten entdecken

### SPIELABLAUF

Den Mitspielern steht ein Stoß alter Illustrierter zur Verfügung. Jeder braucht Schere, Kleber, Schreibzeug und gestaltet nun eine Zeitungsseite, auf der er selbst abgebildet ist: Er verändert mit dem Zeichenstift das Porträt einer Person, sodaß es dem eigenen ähnlich wird, fügt Schlagzeilen dazu, die zu ihm passen, findet ein Auto, ein Haus, ein Bild von einer Tätigkeit und von der Lieblingsspeise, die zu ihm paßt.

### VARIANTEN

- Jeder Mitspieler gestaltet zwei Bilder: eines, das der Realität entspricht und ein Wunschbild.
- Die Mitspieler gestalten partnerweise voneinander Bilder.
- Such- und Ratespiele mit den Bildern.

### REFLEXION

Es ist schwierig, „Traum und Wirklichkeit“ voneinander zu trennen. Was war leichter für dich: die Realität oder das Wunschbild darzustellen? Wurden von den Ratenden Personen verwechselt? Was haben die verwechselten Personen wirklich gemeinsam? Wie empfinden die Betroffenen diese Verwechslung?

**WEITERSPIELEN**

*F 5.3.4*
*Die Ich-Ausstellung*

*F 5.3.2*
*Personenraten und alle Weiterspielvorschläge von Spiel F 5.3.1*

## 5.3.4 Die Ich-Ausstellung

### ZIELE

Ich-Identität
Selbstdarstellung
Sich der Gruppe präsentieren

### SPIELABLAUF

Jedem Mitspieler steht ein Tisch, eine Ecke im Raum, ein kleiner Teppich oder ein sonstwie abgegrenzter Platz zur Verfügung. Dort macht er eine Ausstellung über sich selber.
Einige Vorschläge für Exponate:
Selbstporträt, Ausweis, Foto, Inhalt der Handtasche oder der Hosentasche, ein Aufsatz oder eine Niederschrift, eine Selbstbeschreibung in wenigen Sätzen, ein Gegenstand, der der Person gut gefällt, ein schöner Stein (der ist so wie ich, weil . . .), etwas aus einer Illustrierten, das zu dieser Person paßt, eine Haarlocke, die Uhr, ein Schmuckstück, ein Haarband, ein Schuh, die Lieblingsblume, eine Zeichnung von der Lieblingsfernsehsendung, die Lieblingsspeise, die Lieblingsfarbe, die Glückszahl, . . .
Zeit für das Aufstellen der Exponate: 30 Minuten.
Dann findet der Besuch der Ich-Ausstellung statt. Dabei sind mehrere Varianten möglich.

### VARIANTEN

- Die eine Hälfte der Mitspieler bleibt bei ihren Exponaten und erklärt diese den Besuchern.
- Die Besuchergruppe wandert geschlossen durch die Ausstellung und der jeweilige Aussteller erklärt die Exponate – jedoch so, als ob es sich um Attribute einer nicht anwesenden Person handeln würde.
- Freier Besuch der Ausstellung. Bei Bedarf kann ein Besucher eine andere Person anreden und diese zum Ausstellungsführer machen, um sich verschiedene Exponate erklären zu lassen. Es ist nicht immer leicht, zu erraten, wer der Aussteller ist.

### REFLEXION

Wieviel hast du in deiner Ausstellung von dir preisgegeben? Hat es Aussteller gegeben, die sich sehr offenherzig präsentierten? Hattest du bei manchen „Ausstellern" den Eindruck, daß sie sich mit ihrer Ausstellung in ein positives Licht rücken wollten? Welche Ausstellungsstücke fandest du besonders interessant?

### ROLLENSPIEL

Eine berühmte Persönlichkeit führt eine Gruppe von Reportern durch ihre Wohnung. Sie wird dabei über persönliche Gegenstände und über intime Geheimnisse befragt.

**WEITERSPIELEN**

*F 5.3.5*
*Ratet, wie ich bin*

*F 5.3.3*
*Ich bin in der Illustrierten und alle Weiterspielvorschläge von Spiel F 5.3.1*

## 5.3.5 *Ratet, wie ich bin*

### ZIELE

Auf Eigenschaften anderer eingehen
Mit Beleidigungen umgehen können
Soziale Wahrnehmung schärfen

### SPIELABLAUF

Drei freiwillige Mitspieler flüstern dem Spielleiter ein Eigenschaftswort ins Ohr. Es soll eine Eigenschaft sein, die sie selber im Gesprächsverhalten oft zeigen. Der Spielleiter schreibt diese Eigenschaften auf je einen Zettel. Er fügt noch drei von ihm verfaßte Zettel hinzu. Nun legt er alle sechs Zettel für alle sichtbar in die Kreismitte. Die drei Mitspieler werden nun von den anderen Mitspielern in Gespräche verwickelt und zu verschiedenen Themen interviewt. Die drei versuchen so zu antworten, daß es den anderen möglich ist, die gewählte Eigenschaft zu erraten.

### VARIANTEN

- Die drei Freiwilligen bekommen nun in zwei weiteren Runden Eigenschaften vom Spielleiter zugewiesen.
- Die Mitspieler äußern Beschuldigungen und Beleidigungen gegenüber dem Freiwilligen. Dieser reagiert seinem Zettel entsprechend.
- Die Mitspieler berichten dem Freiwilligen von Schlagzeilen, auf die er gemäß seiner Eigenschaft reagieren muß.

### REFLEXION

In welcher Eigenschaft wirkte jeder Freiwillige am echtesten? Welche Eigenschaft bewältigte er am besten?
In welcher Rolle fühlte sich der Befragte am wohlsten?

### ROLLENSPIEL

Jeder Mitspieler zieht einen „Personenzettel“ und einen „Eigenschaftszettel“ aus einem Stapel. Nun bilden sich Paare. Die beiden Partner ziehen nun gemeinsam einen „Situationszettel“. Sie sollen nun ein Rollenspiel spielen.

### BEISPIEL

Spieler A: „Großvater“, „gutmütig“
Spieler B: „Kleinkind“, „übermütig“
Situationszettel: „Die beiden befinden sich am Flughafen. Einer von beiden hat sich verirrt. Endlich finden sie einander wieder.“
In einer weiteren Spielphase ziehen beide Mitspieler eine andere Eigenschaft, es kann auch das Situationskärtchen oder der Personenzettel ausgetauscht werden.

### WEITERSPIELEN

*F 5.3.6* Ich rate, wie ich bin
*F 5.3.4* Die Ich-Ausstellung
*F 6.1.7* Partner-Interview
*F 6.1.9* Wahrheit oder Lüge
*F 6.1.13* Das Geschenkespiel
*F 6.2* Dich wahrnehmen
*F 7.2.2* Wir haben alle gleiche Eigenschaften
*F 8.2* Planspiel
*E 6.2.1* Du paßt zu mir
*E 7.1.4* Begrüßung am Morgen
*E 7.4.6* Der Notfallkoffer
*E 8.2.2* Eigenschaften von Märchenfiguren
*E 8.3* Pantomimisches Spiel

## 5.3.6 Ich rate, wie ich bin

### ZIELE

Auf Eigenschaften anderer reagieren
Selbstwahrnehmung schärfen

### SPIELABLAUF

In der Kreismitte liegen sechs Eigenschaftswortzettel: witzig, ernst, schnippisch, pessimistisch, optimistisch, ängstlich.
Ein Freiwilliger schließt die Augen, die Wortkärtchen werden umgedreht, ein Mitspieler zieht eines der Kärtchen und stellt sich so hinter den Freiwilligen, daß die anderen Mitspieler das Wortkärtchen sehen können. Nun sagt jeder der Mitspieler etwas zum Freiwilligen. Dieser soll aufgrund der Äußerungen erraten, welche Eigenschaft ihm zugeschrieben wird.

### VARIANTE

Der Freiwillige stellt den Mitspielern Fragen, wie er sich mit seiner Eigenschaft in bestimmten Situationen verhalten würde.

### BEISPIEL

„Wie verhalte ich mich, wenn das Nachbarhaus brennt?"
„Du glaubst, daß ein Pyromane am Werk war." (pessimistisch)

### WEITERSPIELEN

*F 5.3.7*
*Eigenschaften verteilen*

*F 5.3.5*
*Ratet, wie ich bin und alle Weiterspielvorschläge von Spiel F 5.3.5*

### REFLEXION

Findest du Teile der dir zugeschriebenen Eigenschaft tatsächlich an dir?
Möchtest du diese Eigenschaft gerne haben?
Welche Vor- und Nachteile erwachsen aus dieser Eigenschaft?

## 5.3.7 Eigenschaften verteilen

### ZIELE

| | |
|---|---|
| Zuneigung zeigen | Einander kennenlernen |
| Eigenbild und Fremdbild vergleichen | Kontakt aufnehmen |
| Mit Zustimmung und Ablehnung umgehen können | Integration |

### SPIELABLAUF

Jeder Mitspieler schreibt 5 bis 10 Eigenschaftswortzettel. Nun gehen alle umher und schenken einander diese Zettel. Die Mitspieler müssen jedoch nicht jeden Zettel annehmen. Sie können Eigenschaften, die sie nicht haben oder nicht haben wollen, ablehnen.

### REFLEXION

Fühlte sich jemand von vielen falsch eingeschätzt?
Wer möchte vor der ganzen Gruppe das falsche Bild korrigieren? Über welchen Zettel habt ihr euch gefreut? Über welchen Zettel habt ihr euch geärgert? Hat dieses Spiel etwas zur guten Gemeinschaft beigetragen?

**WEITERSPIELEN**

*F 5.3.8*
*Eigenschaften gesucht*

*F 5.3.6*
*Ich rate, wie ich bin und alle Weiterspielvorschläge von Spiel F 5.3.5*

## 5.3.8 Eigenschaften gesucht

### ZIELE

Selbsteinschätzung trainieren
Kommunikation aufnehmen

### SPIELABLAUF

Jeder Mitspieler schreibt fünf Eigenschaften, die er zu besitzen glaubt, auf einen Zettel. Dann verfaßt er schriftlich die Beschreibung eines Arbeitsplatzes der Firma, in welcher er Personalchef ist. Darin werden bestimmte Eigenschaften für bestimmte Tätigkeiten gefordert.
Nun finden partnerweise Stellenbewerbungsgespräche statt.
Zum Schluß berichten alle Personalchefs, wie viele Eigenschaften des Stellenbewerbers mit der Arbeitsplatzbeschreibung übereinstimmten, und ob sie sich für die Aufnahme des Bewerbers entschieden haben.

### REFLEXION

Welche Eigenschaften haben maßgeblich zur Aufnahme beigetragen?
Das Fehlen welcher Eigenschaften hat maßgeblich zur Ablehnung des Bewerbers beigetragen?

**WEITERSPIELEN**

*F 5.3.7*
*Eigenschaften verteilen*

*F 6.1.6*
*Partner-Interview*

*F 6.2*
*Dich wahrnehmen*

*E 5.2*
*Was kann ich*

*E 5.3.11*
*Klangeigenschaften sammeln*

*E 7.3.3*
*Viele Fragen an den Neuen*

*E 7.5.10*
*Schwellenangst*

# 6 DU-SPIELE

## 6.1 Dich kennenlernen

### 6.1.1 *Meine Namensgeschichte*

**ZIELE**

Ich-Identität wahrnehmen
Namen kennenlernen
Erzählen
Partnerkontakt herstellen
Sich vorstellen können
Jemanden vorstellen können

**SPIELABLAUF**

Jeder Mitspieler sagt seinen Namen und erzählt eine Anekdote mit diesem.

**BEISPIEL**

Ich heiße Bernd. Als ich mit fünf Jahren in einem Kindererholungsheim war, sagte die Tante zu mir: „Du heißt also Bernd. Wir haben hier schon einen Bernd. Das ist ein schlimmer Bernd, ich hoffe, wir können dich braver Bernd nennen!"
Sie nannten mich aber nur in den ersten Tagen „braver Bernd". Der schlimme Bernd war bald mein bester Freund.

**VARIANTEN**

- Jeder Mitspieler sucht sich einen Partner und erzählt diesem seine Geschichte. Nun erzählt jeder der Gruppe die Anekdote seines Partners und stellt diesen somit vor.
- Wie möchtest du nicht, daß dein Name ausgesprochen oder gerufen wird? Laß die Gruppenmitglieder mit deinem Namen experimentieren und gib ihnen eine Rückmeldung!

**REFLEXION**

Magst du deinen Namen?
Welchen Namen könntest du dir für dich noch gut vorstellen?
Wie möchtest du nicht gerufen werden?

**WEITERSPIELEN**

*F 6.1.2*
*Name und Bewegung*

*F 6.3*
*Mit dir zusammenarbeiten*

*F 7.2*
*Kooperationsspiele*

*E 6.1*
*Dich kennenlernen*

*E 7.1.3*
*Begrüßungsspiele*

*E 7.3.3*
*Viele Fragen an den Neuen*

## 6.1.2 Name und Bewegung

### ZIELE

Kennenlernen
Sich vorstellen können
Optisches Gedächtnis trainieren
Hemmungen durch Bewegung abbauen

### SPIELABLAUF

Reihum macht jeder einzelne Mitspieler eine Bewegung und sagt dazu seinen Namen. Die Mitspieler wiederholen die Bewegung und den Namen. Waren alle Mitspieler dran, werden nochmals alle Bewegungen und Namen wiederholt.

### VARIANTEN

- Zum Schluß können die Bewegungen auch zum Stellen von Rätseln eingesetzt werden. Welcher Name gehört zu welcher Bewegung – oder umgekehrt?
- Ein Mitspieler erzählt eine Geschichte, in der Personen aus der Gruppe vorkommen. Wenn Namen aus der Gruppe vorkommen, werden diese vom Erzähler durch die von demjenigen vorhin gezeigte Bewegung ersetzt. Am Schluß der Erzählung nennen die Zuhörer die Namen der Mitspieler, die in der Geschichte vorgekommen sind.

### HINWEIS

Im Sinne des ganzheitlichen Lernens ist der gleichzeitige Einsatz von Bewegung und Sprache für das Merken von besonderer Bedeutung. Noch nach geraumer Zeit fällt einem beim Anblick eines Mitspielers die Bewegung ein, die er damals bei diesem Spiel gemacht hat.

### REFLEXION

Paßt die Bewegung zu dieser Person? Paßt sie zu diesem Namen? Die Entscheidung liegt bei der Person selbst.

### WEITERSPIELEN

*F 6.1.3* *Namenrätsel*
*F 6.1.1* *Meine Namensgeschichte*
*F 6.2.2* *Du beobachtest mich beim Spiel*
*F 8.1* *Spiel mit Skulpturen*
*E 6.1* *Dich kennenlernen*
*E 6.2* *Dich wahrnehmen*
*E 7.1.3* *Begrüßungsspiele*
*E 7.3* *Integration neuer Mitspieler*
*E 7.5.8* *Die Friedenssprache*
*E 8.1* *Statuenspiel*
*E 8.3* *Pantomimisches Spiel*

## 6.1.3 *Namenrätsel*

### ZIELE

Namen kennenlernen
Optische Wahrnehmung trainieren
Kreativität wecken

### SPIELABLAUF

Jeder Mitspieler schreibt ein Namensschild mit seinem Namen in etwa 5 cm hoher Blockschrift und legt es im Sesselkreis vor sich, für die anderen Mitspieler gut sichtbar, auf den Boden. Nun schauen sich alle Mitspieler die Besonderheit in der Schreibung der Namensbilder der anderen Mitspieler an.
Wenn nun alle Mitspieler lange genug alle Namen angeschaut haben und für sich Besonderheiten überlegt haben, stellen nun einzelne Mitspieler entsprechende Rätsel. Die anderen raten und reagieren schnell: Sie versuchen vor den anderen Mitspielern das angesprochene Namenskärtchen zu erhaschen.

### WEITERSPIELEN

*F 6.1.4*
*Namen-Zip-Zap*

*F 6.1.2*
*Name und Bewegung und alle Weiterspielvorschläge von Spiel F 6.1.2*

### BEISPIELE

„In einem Wort steckt der Name Anna.“ (Lösung: Johanna)
„Ein Wort beginnt wie Maria.“ (Lösung: Marianne)
„Ein Wort kommt in der Bibel oft vor.“ (Lösung: Lukas)
„Ein Name hat nur drei Buchstaben.“ (Lösung: Eva)

## 6.1.4 Namen-Zip-Zap

WEITERSPIELEN
F 6.1.5 Begrüßung – Verabschiedung
F 6.1.3 Namenrätsel
F 6.2 Dich wahrnehmen
F 6.3 Mit dir zusammenarbeiten
F 7.1 Aufwärmspiele für die Gruppe
F 7.2 Kooperationsspiele
E 5.1.2 Das Hinlaufspiel
E 6.1 Dich kennenlernen
E 6.2 Dich wahrnehmen
E 6.3 Mit dir zusammenarbeiten
E 7.1 Aufwärmspiele für die Gruppe
E 7.3 Integration neuer Mitspieler
E 7.5.1 Tiere im Urwald

### ZIELE

Erste Kontaktaufnahme
Namen kennenlernen
Aufwärmen
Rücksichtnahme üben

### SPIELABLAUF

Ein Mitspieler steht in der Mitte des Sesselkreises. Wenn er „Zip" ruft, rufen alle anderen Mitspieler gleichzeitig den Namen des linken Nachbarn, wenn er „Zap" ruft, rufen sie den Namen des rechten Nachbarn. Ruft er „Zip-Zap", dann wechseln alle ihren Sitzplatz. Auch der Mitspieler, der bislang in der Mitte stand, versucht einen Sessel zu ergattern. Weil es einen Sessel zu wenig gibt, bleibt wieder ein Mitspieler übrig, der nun in der Mitte steht.

### VARIANTEN

- Man kann dieses Spiel nicht nur als „Namen-Zip-Zap" spielen, sondern auch als „Lieblingsspeisen-Zip-Zap". Dabei rufen alle beim Kommando „Zip" die Lieblingsspeise des linken und beim Kommando „Zap" die Lieblingsspeise des rechten Nachbarn. Selbstverständlich wird es notwendig sein, bei jedem Platzwechsel seine beiden Nachbarn zu interviewen.
- Weitere Varianten: Lieblingsblumen-, Lieblingsfarben-, Hobby-Zip-Zap.

### HINWEIS

Dieses Spiel dient hervorragend dem Aufwärmen, dem „Bewegung in die Gruppe bringen" und der sprachlichen Aktivierung. Das rasche Platzwechseln erfordert jedoch auch große Rücksichtnahme.

## 6.1.5 Begrüßung – Verabschiedung

WEITERSPIELEN
F 6.1.6 *Treffpunkt*
F 6.1.4 *Namen-Zip-Zap*
F 6.3.5 *Zufallsbekanntschaft*
F 7.5.1 *Tu was Liebes*
E 5.1.3 *Das Wünschespiel*
E 6.1.4 *Autogramme sammeln*
E 6.1.7 *Mein rechter Platz ist leer – anders*
E 6.3 *Mit dir zusammenarbeiten*
E 7.1.3 *Begrüßungsspiele*
E 7.1.4 *Begrüßung am Morgen*
E 7.3 *Integration neuer Mitschüler*
E 7.4.6 *Der Notfallkoffer*

### ZIELE

Erste Kontaktaufnahme
Im Mittelpunkt stehen
Kommunikation aufnehmen

### SPIELABLAUF

Jeder Mitspieler schreibt auf einen Zettel, wie er gerne begrüßt und verabschiedet werden möchte und schreibt auch seinen Namen auf den Zettel.
Nun werden alle Zettel gemischt, ein Zettel wird gezogen. Der Besitzer dieses Zettels verläßt den Raum. Wenn er wieder hereinkommt, wird er wunschgemäß empfangen und dann wieder verabschiedet.

### VARIANTE

Alle Zettel sind in einer Schachtel. Alle ziehen einen Zettel, suchen den Besitzer, begrüßen diesen, legen den Zettel zurück in die Schachtel, holen sich einen neuen Zettel, . . .

### BEISPIELE

Ich heiße Gerd und möchte bei der Begrüßung umarmt werden."
Oder: „Mach mir zur Begrüßung ein Kompliment, Susi!"

### REFLEXION

Wurden deine Erwartungen erfüllt? Würdest du bei einer zweiten Spielrunde den gleichen Wunsch äußern? Gab es Unterschiede in der Erfüllung deines Wunsches durch verschiedene Gruppenmitglieder?
Warum wirst du im Alltag nicht immer wunschgemäß begrüßt?
Gibt es Situationen, in denen dir eine distanzierte Begrüßung oder Verabschiedung lieber ist als eine herzliche?

6.1.6

# Treffpunkt

WEITERSPIELEN

F 6.1.7
Partner-Interview

F 6.1.5
Begrüßung – Verabschiedung

F 6.2.5
Was ist gleich an dir und mir?

F 6.3
Mit dir zusammenarbeiten

F 7.1
Aufwärmspiele für die Gruppe

F 7.2.1
Wir hängen alle zusammen

E 6.2
Dich wahrnehmen

E 6.3
Mit dir zusammenarbeiten

E 7.3.2
Das Mengenspiel

## ZIELE

Gruppengefühl stärken
Kennenlernen
Gemeinsamkeiten entdecken

## SPIELABLAUF

Partnerweise haben je zwei Mitspieler einen Zettel. In der Mitte des Zettels wird die Schule (bzw. der Gruppenraum) eingezeichnet. Nun beginnt ein Mitspieler sein Wohnhaus am Rand des Zettels einzuzeichnen. Er erklärt nun auch dem Partner, wie er von seiner Wohnung zur Schule kommt und zeichnet dazu eine Wegeskizze, die bei der Schule im Mittelpunkt des Zettels endet. Nun kommt der Partner dran, auf dem Zettel sein Wohnhaus und seinen Schulweg einzuzeichnen. Nun wissen beide, welchen Weg sie nehmen müßten, um einander besuchen zu können.

## VARIANTE

Alle Mitspieler teilen sich so im Raum auf, daß ihr Standort in der Klasse den geographischen Gegebenheiten entspricht, z. B.: Wer nördlich wohnt, steht an der Nordseite der Klasse, Nachbarn stehen nebeneinander. Wer näher bei der Schule wohnt, steht mehr zur Mitte des Raumes. Hier sitzt der Lehrer, der das Schulhaus symbolisiert.
Nun können auch Besuche gemacht und kommentiert werden:
„Wenn ich Johanna besuchen will, komme ich bei Magdalena und Lukas vorbei."

# 6.1.7 Partner-Interview

## ZIELE

Gesprächskontakt
Kennenlernen
Ehrlichkeit üben
Nähe und Distanz im Gespräch erreichen

## SPIELABLAUF

Jeder Mitspieler schreibt auf einen Zettel fünf Fragen, die er einem anderen Mitspieler zu dessen Person stellen möchte. Dann gehen alle Mitspieler paarweise zusammen, um sich gegenseitig ihre Fragen zu stellen.
Schließlich sitzen wieder alle im Sesselkreis. Nun werden die Paare von den anderen interviewt mit Fragen, die sich auf den Partner beziehen, z. B.: „Wie heißt dein Partner?“ „Welche Schuhgröße hat er?“ Je mehr Fragen die beiden über ihren Partner beantworten können, umso besser.

## VARIANTE

Jeder Mitspieler sucht sich nach dem Partnerinterview nun einen anderen Partner und beginnt mit diesem ein Gespräch, das etwa so anfängt: „Du, ich habe dich vorhin mit diesem Mädchen mit den langen, blonden Haaren sprechen gesehen. Worüber habt ihr gesprochen, erzähl mir etwas von ihr!“

## REFLEXION

Macht es für dich einen Unterschied, ob du von einer Einzelperson interviewt wirst, oder ob du vor der ganzen Gruppe von dir erzählen mußt?
Wie fühlst du dich, wenn jemand in deiner Anwesenheit von dir berichtet?
Wurden dir Fragen gestellt, die du nicht beantworten wolltest oder konntest? Warum wolltest oder konntest du nicht?
Gab es Fragen, die du nicht zu stellen wagtest?
Hast du manche Fragen unvollständig oder unehrlich beantwortet? Warum?

WEITERSPIELEN

*F 6.1.8* Das Geheimnisspiel

*F 6.1.6* Treffpunkt

*F 6.2.4* Du wirst erfragt

*F 7.1.1* Rufen, fragen, erzählen

*E 7.3.3* Viele Fragen an den Neuen

## 6.1.8 Das Geheimnisspiel

### ZIELE

Kennenlernen
Vertrauen haben
Mit Geheimnissen umgehen
Das Gruppengefühl kritisch betrachten

### SPIELABLAUF

Alle Mitspieler gehen umher und flüstern jedem, dem sie begegnen, etwas ins Ohr, das ein Geheimnis sein könnte, z. B.: „Dir verrate ich es: Ich fahre heuer in den Ferien nach Griechenland." oder: „Weißt du es schon: Wir übersiedeln in einem Monat." Nach wenigen Minuten werden die Geheimnisse verraten. Die Mitspieler wandern wieder durcheinander und verraten einander die Geheimnisse anderer, z. B.: „Weißt du schon, daß Sebastian heuer nach Griechenland auf Urlaub fährt?" oder: „Ich weiß ein Geheimnis von Dominik. Wenn du willst, verrate ich es dir. Er übersiedelt in einem Monat."

### HINWEIS

Den Mitspielern wird vor dem Spiel klargemacht, daß es sich um ein Rollenspiel handelt, bei dem die Spielregel es erlaubt, Geheimnisse nicht für sich zu behalten. Nach dem Spiel sollte darüber gesprochen werden, was es in der Realität mit Geheimnissen auf sich hat. Wie ist es, wenn man jemandem ein Geheimnis anvertraut? Wem kann man vertrauen? Wurde unser Vertrauen schon einmal mißbraucht? Bin ich sehr vertrauensselig? Bin ich sehr vertrauenswürdig? Wer hatte Hemmungen, beim Spiel jemandem etwas anzuvertrauen?

### WEITERSPIELEN

*F 6.1.9* Wahrheit oder Lüge
*F 6.1.7* Partner-Interview
*F 6.1.10* Gerüchte über Personen
*E 7.3.5* Informationen für den Neuen
*E 7.4.3* Das Helferspiel

### REFLEXION

Hattest du Hemmungen, die „Geheimnisse" weiterzuerzählen?
Hast du selber ein echtes eigenes Geheimnis erzählt, oder war es eine unverfängliche Äußerung?
Welcher Zusammenhang besteht zwischen „Gruppengefühl" und „Geheimnisse anvertrauen"?

### ROLLENSPIEL

- Dir verrate ich nie wieder etwas!
- Ein Verbrecher gesteht seinem besten Freund seine Tat. Was soll der Freund nun als Mitwisser tun?

## 6.1.9 *Wahrheit oder Lüge*

### ZIELE

Kennenlernen
Umgang mit Wahrheit oder Lüge
Kommunikatives Fragen üben

### SPIELABLAUF

Jeder Mitspieler schreibt 6 Fragen auf einen Zettel, die unbekannte Fakten über die anderen Mitspieler ergründen sollen.
Die Fragen werden von 1 bis 6 numeriert.

### BEISPIELE

1. Wie viele Geschwister hast du?
2. Bist du in jemanden verliebt?
3. Wieviel Taschengeld bekommst du?
4. Was machte dich kürzlich sehr zornig?
5. Was kann dich sehr traurig machen?
6. Welcher ist dein Lieblingswitz?

Nun sucht man sich einen Partner. Dieser stellt nun eine Frage und wirft eine Münze auf. Zeigt die Münze die Zahl, muß die Frage wahrheitsgetreu beantwortet werden. („Das will ich nicht verraten" gehört ebenfalls zu den wahrheitsgetreuen Antworten.) Ist die Rückseite der Münze oben, wird die Frage mit einer Lüge beantwortet.

### VARIANTEN

- Das Spiel kann auch in der Gesamtgruppe im Sesselkreis gespielt werden. Dabei wird eine Flasche gedreht. Auf wen der Flaschenhals zeigt, der muß die gestellte Frage beantworten.
- Ein einziger Mitspieler weiß nicht, ob die geworfene Münze zur Lüge oder zur Wahrheit aufgefordert hat. Er soll nach der Beantwortung durch den Befragten sagen, ob er glaubt, daß es sich um eine Lüge oder um die Wahrheit handelt.

### REFLEXION

Hattest du Hemmungen, zu lügen?
Machte es dir Spaß zu lügen?
Gibt es Fragen, die die Antworten „Das sag ich nicht", „Das weiß ich nicht" oder „Das kann ich nicht beantworten" provozieren?
Wie kann die Körpersprache den Lügner entlarven?

### ROLLENSPIEL

- Die Notlüge
- Das kannst du jemandem anderen erzählen!
- Das schlechte Gewissen

**WEITERSPIELEN**

*F 6.1.10*
*Gerüchte über Personen*

*F 6.1.8*
*Das Geheimnisspiel*

*F 8.3.9*
*Personifizierte Einflüsse*

*E 7.3.3*
*Viele Fragen an den Neuen*

## 6.1.10 Gerüchte über Personen

### ZIELE

Kennenlernen
Umgang mit Gerüchten
Fakten richtig weitergeben
Bei der Wahrheit bleiben

### SPIELABLAUF

Für dieses Spiel werden Gruppen von 4 bis 6 Mitspielern gebildet. Der erste Mitspieler geht mit dem zweiten Mitspieler in eine Ecke des Raumes und läßt sich etwa 5 Interviewfragen stellen. Nun geht der erste Mitspieler weg, und der dritte Mitspieler läßt sich von dem zweiten Mitspieler das Interviewergebnis erzählen. Jetzt berichtet der dritte dem vierten Mitspieler das Gehörte. Der letzte Mitspieler erzählt nun in Anwesenheit der ganzen Gruppe, was er von dem ursprünglichen Interview mitbekommen hat. Der erste Mitspieler sagt nun seinerseits, was stimmt, was fehlt, was sich beim Weitersagen geändert hat.

### VARIANTE

Eine Bildbeschreibung wird weitererzählt.

### REFLEXION

Wodurch verändert sich das Gesagte?
Was sind besonders beliebte „Gerüchtethemen“ im Alltag?
Welches Gerücht über dich wäre besonders schlimm für dich?
Wie kannst du verhindern, daß du mitschuldig an bösen Gerüchten wirst?
Wie stehen Vorurteile und Gerüchte in Zusammenhang?

WEITERSPIELEN
F 6.1.11 *Ich beschreibe dich*
F 6.1.9 *Wahrheit oder Lüge*
F 7.5.4 *Bedrohungskreis*
F 7.5.8 *Spießrutenlauf*
E 7.5.9 *Die Beschuldigung*

## 6.1.11 Ich beschreibe dich

### ZIELE

Kennenlernen
Fremddarstellung
Sprach- und Kommunikationsübung
Soziale und optische Wahrnehmung trainieren

### SPIELABLAUF

Jeweils zwei Mitspieler interviewen einander über:
Alter, Familienzusammensetzung, Hobbies, Eigenschaften, Vorlieben, . . .
Die Ergebnisse werden auf einem Zettel in einigen Sätzen zusammengefaßt.
Auf der Rückseite des Zettels (Seite B) wird die Person in wenigen Sätzen ihrem Äußeren nach beschrieben.
Nun werden die Zettel mit anderen Spielern ausgetauscht. Sie lesen die Seite A des Zettels und versuchen zu erraten, welche Person gemeint ist. Gelingt es ihnen nicht, so nehmen sie die Seite B des Zettels zu Hilfe.

WEITERSPIELEN
F 6.1.12 *Dein Lieblingsplatz*
F 6.1.10 *Gerüchte über Personen*
F 6.2 *Dich wahrnehmen*
F 7.2.3 *Wir sehen gleich aus*
E 6.2.4 *Du zeichnest mich*
E 8.1 *Statuenspiel*

## 6.1.12 *Dein Lieblingsplatz*

### ZIELE

Näheres Kennenlernen
Visuelle Erinnerung schärfen
Jemandem Freude bereiten

### SPIELABLAUF

Paarweise beschreiben zwei Mitspieler einander ihren Lieblingsplatz. Das kann ein Platz (ein Sessel, eine Zimmerecke, ein Raum) in der Wohnung sein, das kann ein Platz im Freien sein (eine Gartenbank, ein Platz unter einem bestimmten Baum, ein Aussichtsplatz, ein Fleckchen Wiese) oder ein Platz in der Öffentlichkeit (ein Plätzchen in der Klasse, eine Stelle des Hauptplatzes, eine Stelle im Park). Die Beschreibung soll so sein, daß der Partner den beschriebenen Ort nachher ohne Hilfe zeichnen kann. Die Partner zeichnen nachher den Lieblingsplatz des anderen und überreichen ihn diesem als Geschenk.

### WEITERSPIELE

*F 6.1.13* *Das Geschenkespiel*
*F 6.1.11* *Ich beschreibe dich*
*F 6.3* *Mit dir zusammenarbeiten*
*F 7.2.5* *Gemeinsam die Klasse planen*
*E 5.1* *Was mag ich*
*E 5.3.3* *Den Raum verändern*
*E 7.2* *Kooperationsspiele*
*E 7.4* *Helferspiele*

### VARIANTEN

- So fühlt er sich an seinem Lieblingsplatz: Jeder beschreibt seinem Partner, was er von seinem Lieblingsplatz aus sieht, was er dort für Geräusche vernimmt, wie es dort riecht, ob es warm oder kalt ist, wie sich der Platz anfühlt, welche Gedanken einem da kommen.
  In Vierergruppen wird dann vom Lieblingsplatz des Partners erzählt. Die Zuhörer haben dabei die Augen geschlossen. Sie versuchen, alles so zu fühlen und zu erleben, wie es für den Erzähler war.
- Alle „Lieblingsplätze“ werden in der Kreismitte aufgelegt. Zu wem könnte der eine oder andere Lieblingsplatz noch passen?

### REFLEXION

Welche Eigenschaften muß ein Platz haben, damit er zu deinem Lieblingsplatz werden kann?
Hat dir schon einmal jemand einen Platz streitig gemacht, den du für dich haben wolltest?
Gibt es Plätze, an denen du dich sehr gerne gemeinsam mit bestimmten anderen Personen aufhältst?

## 6.1.13 Das Geschenkespiel

### ZIELE

Kontakt aufnehmen
Jemandem Freude bereiten
Geschenke annehmen können

### SPIELABLAUF

Auf einem großen Tisch liegen Bildkärtchen (doppelte Anzahl der Mitspieler), die Landschaften, Gegenstände, Menschen, Speisen, Pflanzen, Tiere oder Ereignisse darstellen. Die Mitspieler nehmen Bilder und überreichen sie anderen Mitspielern mit einem Hinweis, warum sie dieses Bild ausgewählt haben.

### BEISPIEL

„Ich schenke dir dieses einsame Haus am Meer, weil ich glaube, daß du das Wasser liebst und manchmal gerne alleine bist."

Der Beschenkte bedankt sich. Er kann begründen, warum er sich über das Geschenk freut, kann aber auch sagen, warum das Geschenk nicht zu ihm paßt.
Die Geschenke können weitergeschenkt werden.

### REFLEXION

Bereitet dir Schenken Freude? Welche Art von Geschenken bereitet dir die meiste Freude? Wie kann man die Vorlieben seiner Mitmenschen herausfinden? Hast du schon einmal erlebt, daß dir jemand lieblos ein Geschenk überreicht hat?

### ROLLENSPIEL

Das mißglückte Geschenk

WEITERSPIELEN

F 6.1.12 *Dein Lieblingsplatz*

F 6.2 *Dich wahrnehmen*

F 7.4 *Beziehungsspiele*

F 7.5.1 *Tu was Liebes*

E 5.1.3 *Das Wünschespiel*

E 7.4 *Helferspiele*

# 6.2 Dich wahrnehmen

## 6.2.1 *Du schätzt mich ein*

### ZIELE

Vergleich von Selbst- und Fremdeinschätzung
Gemeinsamkeiten entdecken

### SPIELABLAUF

Jeder Mitspieler hat 5 Zettel. Auf die ersten drei Zettel schreibt er je eine persönliche Frage, die mit JA oder NEIN beantwortbar ist. Alle diese Zettel werden in die Mitte gelegt. Auf den vierten Zettel schreibt jeder das Wort JA, auf den fünften Zettel das Wort NEIN.
Nun zieht ein Mitspieler einen Zettel mit einer Frage und liest sie vor. Verdeckt legt er dann entweder den Antwortzettel JA oder den Antwortzettel NEIN vor sich hin. Die anderen Mitspieler überlegen nun, ob er die Frage mit NEIN oder JA beantwortet hat. Sie legen den entsprechenden Zettel ebenfalls vor sich verdeckt auf den Boden. Jetzt deckt ein Mitspieler nach dem anderen seinen JA- oder NEIN-Zettel auf und begründet, warum er glaubt, daß der befragte Mitspieler so geantwortet habe. Zum Schluß deckt der Befragte seinen Antwortzettel auf.

### HINWEIS

Manche Mitspieler werden feststellen, daß sie von den meisten Mitspielern richtig eingeschätzt wurden. Manche stellen fest, daß die anderen Mitspieler Schwierigkeiten mit der Einschätzung hatten.

### REFLEXION

Kennen mich die anderen nicht gut?
Warum können sie mich nicht einschätzen?
Will ich, daß die anderen mich richtig einschätzen können?
Was kann ich dazu beitragen?
Wie kann ich verhindern, daß die anderen mich richtig einschätzen können?
Welche Nachteile hat es, wenn die anderen Menschen uns nicht richtig einschätzen können?

**WEITERSPIELEN**

*F 6.2.2* *Du beobachtest mich beim Spiel*
*F 5.3* *Wie bin ich*
*F 7.1.1* *Rufen, fragen, erzählen*
*F 8.1* *Spiel mit Skulpturen*
*F 8.3* *Soziales Rollenspiel*
*F 6.1.13* *Das Geschenkespiel*
*F 6.1.12* *Dein Lieblingsplatz*
*F 6.1.11* *Ich beschreibe dich*
*F 6.1.7* *Partner-Interview*
*E 7.4.6* *Der Notfallkoffer*

## 6.2.2 *Du beobachtest mich beim Spiel*

### ZIELE

Erfahrung von Fremdwahrnehmung
Schulung der sozialen Wahrnehmung

### SPIELABLAUF

Jeder Mitspieler schreibt seinen Vornamen auf einen kleinen Zettel. Alle Zettel werden gemischt. Jeder Mitspieler zieht verdeckt einen Namenszettel und behält den Namen für sich. Er muß nun diese Person während der nächsten drei Spiele unauffällig beobachten.
Nach diesen drei Spielen teilt jeder seine Beobachtungen mit.

### REFLEXION

Was wurde beobachtet:
- Wie aktiv warst du bei den Gesprächen und Spielen?
- Was hast du gesagt und getan?
- Mit wem hattest du Kontakt?
- Welche Stimmung hast du ausgestrahlt?
- Welche Besonderheiten bei deiner Kleidung, bei deiner Sprache, deinen Bewegungen habe ich gemerkt?

Bist du ein guter „Menschenkenner“? Warum sollte man seine Menschenkenntnis nicht überschätzen?
Beobachte genau und kläre Mißverständnisse durch das Gespräch mit den Menschen, bei denen du dir unsicher bist!

### VARIANTEN

- Teilnehmende Beobachtung
- Nichtteilnehmende Beobachtung

### ROLLENSPIEL

Ein Kind hat etwas Verdächtiges beobachtet.
Es teilt dem Lehrer mit, was es gesehen hat. Ein Verdächtiger wird nun fürchterlichen Beschuldigungen ausgesetzt, die sich letztendlich als ungerechtfertigt erweisen.

WEITERSPIELEN

*F 6.2.3* *Du wirst erkannt*
*F 6.2.1* *Du schätzt mich ein*
*F 7.2.3* *Wir sehen gleich aus*
*F 8.1* *Spiel mit Skulpturen*
*F 8.3* *Soziales Rollenspiel*
*E 6.2.3* *Du spiegelst mich*
*E 7.3.2* *Das Mengenspiel*
*E 7.5.8* *Die Friedenssprache*

## 6.2.3 Du wirst erkannt

**WEITERSPIELEN**

F 6.2.4 *Du wirst erfragt*
F 6.2.2 *Du beobachtest mich beim Spiel*
F 5.1 *Was fühle ich*
F 5.3 *Wie bin ich*
E 5.1 *Was mag ich*
E 6.2 *Dich wahrnehmen*

### ZIELE

Selbstwahrnehmung und Fremdwahrnehmung vergleichen
Soziale Wahrnehmung schulen

### SPIELABLAUF

Jeder Mitspieler schreibt auf einen Zettel ein Tier, eine Pflanze, ein Werkzeug und eine Farbe, die zu ihm passen.
Die Zettel werden nun gemischt. Ein Zettel nach dem anderen wird nun aus dem Stapel gezogen. Alle raten, wem der Zettel gehört. Der Besitzer des Zettels erklärt nun auch, wenn möglich, warum er diese Dinge gewählt hat.

### VARIANTE

Alle Mitspieler ziehen immer wieder Zettel aus dem Stapel, suchen die Besitzer der Zettel und sprechen mit diesen darüber.

## 6.2.4 Du wirst erfragt

### ZIELE

Fremdwahrnehmung
Mit falscher Selbstdarstellung anderer umgehen

### SPIELABLAUF

Ein Mitspieler schreibt verdeckt den Namen eines anderen Mitspielers auf. Die Mitspieler versuchen durch Fragen den Namen der Person zu erraten.

### BEISPIELE

- ○ Ist die Person weiblich oder männlich?
- ○ Ist sie lustig/ernst/aktiv/passiv/redselig/ruhig/schüchtern/kontaktfreudig/witzig/...?
- ○ Kommt sie oft zu spät?

Es gibt vier Antwortmöglichkeiten:
1. Ja 2. Nein 3. Weiß ich nicht. 4. So eine Frage kann man nicht beantworten.

### REFLEXION

Gab es Antworten des Rätselstellers, mit denen du dich nicht identifizieren konntest? Sagt dieses Spiel etwas darüber aus, ob der Rätselsteller dich gut oder schlecht kennt? Hast du das Gefühl, daß dich die meisten deiner Mitspieler richtig einschätzen können? Was kann dazu beitragen, daß man richtig eingeschätzt wird? Welchen Nachteil haben falsche Einschätzungen? Kann man „Angeber" richtig einschätzen? Was hältst du von übermäßiger Bescheidenheit?

**WEITERSPIELEN**

F 6.2.5 *Was ist gleich an dir und mir?*
F 6.2.3 *Du wirst erkannt*
F 8.3.4 *Befragung*
E 7.3.3 *Viele Fragen an den Neuen*

## 6.2.5 Was ist gleich an dir und mir?

### ZIELE

Optische Wahrnehmung schulen
Kontakt mit Einzelpersonen aufnehmen
Kennenlernen
Auseinandersetzung mit „Gruppengefühl" und Solidarität

### SPIELABLAUF

Alle Mitspieler gehen umher. Vor jeder Person, der sie begegnen, bleiben sie stehen, schauen sie von oben bis unten an und sagen, welche gemeinsamen äußeren Merkmale sie haben.

### BEISPIELE

„Du hast auch braune Augen wie ich."
„Wir haben beide ein schwarzes Uhrband."
„Wir beide sind gleich groß."

### VARIANTE

Was ist gleich an unserem Leben?

### BEISPIELE

„Wir haben beide je zwei Geschwister."
„Wir wohnen in derselben Straße."
„Wir können beide gut schwimmen."

### REFLEXION

Kennst du im Alltag Menschen, mit denen du vieles gemeinsam hast? Versuche im Alltag Gemeinsamkeiten an anderen Menschen zu beobachten!
Was haben bestimmte Personengruppen gemeinsam? Kennst du Fälle, in denen Personengruppen sich absichtlich gleich kleiden oder eine gleiche Frisur haben? Auch die Sprache kann absichtlich angeglichen werden. Welchen Vorteil kann das gleiche Äußere für die Beteiligten haben?
Welchen Nachteil kann „Gruppengefühl" haben?

### ROLLENSPIEL

Aufnahmsprüfung in eine Bande von Jugendlichen.
Der Prüfling wird hinsichtlich gleicher Einstellungen und gleicher Fähigkeiten überprüft. Er muß bereit sein, sich den Gruppennormen anzupassen.

WEITERSPIELEN

F 6.2.4 *Du wirst erfragt*
F 7.2 *Kooperationsspiele*
F 7.4 *Beziehungsspiele*
F 7.5.4 *Bedrohungskreis*
F 8.1 *Spiel mit Skulpturen*
E 5.1 *Was mag ich*
E 6.2.1 *Du paßt zu mir*
E 6.3.7 *Zwei Zwillinge*
E 7.2.7 *Seilmannschaften*
E 7.5.7 *Kampflinie*
E 8.1 *Statuenspiel*

# 6.3 Mit dir zusammenarbeiten

## 6.3.1 *Zu zweit mit einem Stift zeichnen*

### ZIELE

Zusammenarbeit
Sich durchsetzen und nachgeben können
Sich einfühlen können
Sich nonverbal verständigen

### SPIELABLAUF

Die beiden Mitspieler erhalten miteinander einen Stift und ein großes Zeichenblatt. Ohne zu sprechen zeichnen sie miteinander, indem sie gemeinsam den Stift halten. Sie haben zum Zeichnen fünf Minuten Zeit.

### VARIANTEN

- Der Spielleiter gibt ein Thema vor, z. B.: Haus, Drachen, Schiff, . . .
- Die beiden Mitspieler verabreden vor dem Zeichnen ein Thema.
- Es wird kein Thema vereinbart, man läßt sich überraschen, was entsteht.

### HINWEISE

Manche Mitspieler übernehmen hier gerne die Führung, manche lassen sich gerne führen. Probleme gibt es aber dann, wenn zwei passive Mitspieler oder zwei dominante Mitspieler einander begegnen, was Thema der anschließenden Reflexion sein kann.

### REFLEXION

Hattest du einen Partner, der dich mehr führen wollte, als dir lieb war? Oder war dein Partner zu wenig aktiv? Mit wem könntest du diese Übung besonders gut machen? Mit wem hast du bei der Zusammenarbeit schlechte Erfahrungen gemacht? Was kannst du tun, um eine für beide befriedigende Zusammenarbeit zu gewährleisten? Welche Eigenschaften und Verhaltensweisen verhindern eine gedeihliche Zusammenarbeit?

### ROLLENSPIEL

- Streit über die geplante Urlaubsreise
- Wer ist schuld am Sturz mit dem Tandem?
- Immer soll ich das tun, was du willst!

**WEITERSPIELEN**

*F 6.3.2* *Zu zweit abwechselnd zeichnen*
*F 7.2* *Kooperationsspiele*
*F 7.3.3* *Blindheit im Alltag*
*F 8.1.1* *Versteinerte Paare*
*F 8.3* *Soziales Rollenspiel*
*E 6.2* *Dich wahrnehmen*
*E 6.3* *Mit dir zusammenarbeiten*
*E 7.2* *Kooperationsspiele*
*E 7.4* *Helferspiele*

## 6.3.2 Zu zweit abwechselnd zeichnen

### ZIELE

Zusammenarbeit üben
Sich einfühlen können
Sich nonverbal verständigen können
Toleranz üben

### SPIELABLAUF

Die beiden Mitspieler erhalten miteinander einen Stift und ein großes Zeichenblatt. Ohne zu sprechen beginnt Spieler A zu zeichnen. Er zeichnet so lange (etwa 10 bis 20 Sekunden lang), bis Spieler B ihm den Stift aus der Hand nimmt und weiterzeichnet. Nach einigen Sekunden setzt wieder A fort. Wenn ein Mitspieler der Meinung ist, daß die Zeichnung fertig ist, ist das Spiel zu Ende.

### WEITERSPIELEN

*F 6.3.3*
*Zu zweit gleichzeitig zeichnen*

*F 6.3.1*
*Zu zweit mit einem Stift zeichnen und alle Weiterspielvorschläge von Spiel 6.3.1*

### REFLEXION

Ist eine gemeinsame Zeichnung oder sind zwei getrennte Zeichnungen entstanden? Wer ließ sich von den Ideen des anderen mehr leiten? Sind beide mit dem Endergebnis zufrieden? Besteht Freude über das Endergebnis, oder wurde es ein ungeliebter Kompromiß? Gibt es im Alltag bei dir auch Situationen und Menschen, wo es stilles Einverständnis und von beiden akzeptiertes Handeln gibt?

## 6.3.3 *Zu zweit gleichzeitig zeichnen*

### ZIELE

Zusammenarbeit üben
Einander begegnen
Sich einfühlen können
Dem anderen Platz lassen
Sich abgrenzen können
Friedliche Koexistenz erreichen

### SPIELABLAUF

Jeder der beiden Mitspieler erhält einen Stift. Beide beginnen nun gleichzeitig auf dem gemeinsamen Zeichenpapier zu zeichnen. Manche Mitspieler kritzeln, manche lassen ihren Stift einfach über das Papier wandern. Andere beginnen mit einer abstrakten oder gegenständlichen Darstellung. Die Stifte der Spieler begegnen einander – zufällig oder auch gewollt, koordinieren ihre Tätigkeit oder vermeiden eine Begegnung.

### VARIANTE

Linien begegnen einander: Jeder Mitspieler wählt eine andere Farbe und eine andere Strichart als sein Partner. Was passiert bei Begegnungen am Zeichenblatt?
Was sagt das Zeichenblatt für einen späteren Betrachter aus?
Die Zeichner geben ihrer Zeichnung einen Namen.

### HINWEIS

Es ist von Vorteil, dieses Spiel öfter zu spielen, und zwar in jeweils unterschiedlichen Paarungen, sodaß die Mitspieler einen Vergleich anstellen können unter ihren Partnern. Mit wem können sie besser und mit wem weniger gut harmonieren? Es stellt sich allerdings die Frage: Ist Harmonie das wichtigste, oder können nicht gerade konträre und konflikthafte Zeichnungen spannend sein und zu weiteren Spielrunden animieren?

WEITERSPIELEN

F 6.3.4
*Zu zweit Geschichten bauen*

F 6.3.2
*Zu zweit abwechselnd zeichnen und alle Weiterspielvorschläge von Spiel 6.3.1*

## 6.3.4 *Zu zweit Geschichten bauen*

### ZIELE

Zusammenarbeit trainieren
Kreativität fördern
Sprachgewandtheit schulen
Arbeitsaufteilung erreichen
Dominanz in der Partnerschaft erkennen
Gemeinsam eine Leistung erbringen

### SPIELABLAUF

Die beiden Spieler sollen gemeinsam eine Geschichte auf einem Zettel aufschreiben, wobei jeder der beiden Spieler für bestimmte Wortarten zuständig ist. Die Partner dürfen einander nicht beeinflussen.
*Spieler A stellt folgende Wörter zur Verfügung:*
Zeitwörter, Artikel, Eigenschaftswörter.
*Spieler B stellt folgende Wörter zur Verfügung:*
alle großgeschriebenen Wörter, Bindewörter, Vorwörter, Fürwörter.
Alle anderen Wörter können von beiden gemeinsam abgesprochen und verwendet werden. Spieler A beginnt (meist mit einem Artikel), z. B.:
Der (A) Vater (B) ging (A) eines (A) Tages (B) mit (B) seiner (B) lieben (A) Frau (B) . . .
Das jeweils zuerst genannte Wort eines Spielers gilt und wird aufgeschrieben. Die Geschichten werden dann der Gruppe vorgelesen.

### HINWEIS

Hier geht es um die Erkenntnis, daß bei einer partnerschaftlichen Arbeit verschiedene Kompetenzen eingesetzt werden, um zu einem gemeinsamen Ergebnis zu kommen. Es geht aber auch darum, dem Partner seinen Anteil an der Arbeit zu überlassen, ihm nichts wegzunehmen oder dreinzureden. Bei diesem Spiel ist jedoch auch Durchsetzung und Dominanz gegenüber dem Partner möglich.

### VARIANTEN

- Der Spielleiter gibt eine Geschichte, zum Beispiel ein bekanntes Märchen, als Thema vor.
- Die beiden Partner sollen eine Geschichte bauen, in der sie beide als Hauptpersonen vorkommen.

### REFLEXION

Empfandest du deinen Partner als Hilfe oder als Hemmnis? Falls dir der Partner wenig Hilfe war, hat dir das Spiel trotzdem Spaß gemacht? Wodurch kann ein Spiel Spaß machen, wenn man den Leistungsaspekt wegläßt?
Gibt es Situationen, in denen du mit Erwachsenen zusammengearbeitet hast, die deine Leistung nicht akzeptierten? Was kannst du tun, um einem Partner in der Teamarbeit ein gutes „Partnerschaftsgefühl“ zu vermitteln?

WEITERSPIELEN

*F 6.3.5*
*Zufallsbekanntschaft*

*F 6.3.3*
*Zu zweit gleichzeitig zeichnen und alle Weiterspielvorschläge von Spiel 6.3.1*

## 6.3.5 *Zufallsbekanntschaft*

### ZIELE

Kooperation zu zweit
Vorurteile erkennen und revidieren
Toleranz in der Teamarbeit zeigen
Mit Führung und Geführtwerden umgehen
Geduld mit Mitarbeitern üben
Gemeinsam verlieren können

### SPIELABLAUF

Es bilden sich Paare, die sich die Zusammenarbeit bei einem Spiel, das den Spielern vorerst noch nicht bekanntgegeben wird, gut vorstellen können. Jeder schreibt auf einem Zettel auf, wie der Mitspieler sein muß, damit die Zusammenarbeit gut klappen kann. Die beiden Mitspieler werden mit Spieler A und Spieler B bezeichnet. Die Spieler A bekommen nun zusätzlich vom Spielleiter eine fortlaufende Nummer zugeordnet. Die Nummernzettel werden dann vermischt in eine Schachtel gelegt.
Nun ziehen die Spieler B eine Nummer aus der Schachtel. Die meisten Mitspieler werden dadurch nicht den von ihnen erwählten Wunschpartner, sondern einen Zufallspartner erhalten. Mit dem Zufallspartner besprechen sie nun die geplante Vorgangsweise bei der gemeinsamen Bewältigung der an der Tafel stehenden Aufträge.
Diese Aufträge sind:

○ Baut einen möglichst hohen Turm mit 30 Bausteinen!
○ Rechnet folgende sechs schriftliche Additionen aus!
○ Sucht Wörter zu einem bestimmten Wortfeld!
(Das Wortfeld wird erst beim Start bekanntgegeben.)

Wenn alle Paare mit der Beratung fertig sind (Wer übernimmt welche Aufgaben? Was wird gemeinsam, was arbeitsteilig bewältigt?), verkündet der Spielleiter das Wortfeld: „Schreibt Gegenstände, die ihr hier seht und die mit dem Buchstaben A beginnen, auf!“ und das Spiel beginnt. Der Spielleiter ruft „Stopp!“, wenn er den Eindruck hat, daß ein Paar fertig ist. Nun wird der Sieger ermittelt. Für eine fehlende oder fehlerhafte Rechnung gibt es Punkteabzüge, für jedes Turmstockwerk gibt es einen Punkt, für jedes Wort des Wortfeldes drei Punkte, für jede richtige Rechnung fünf Punkte. Der höchste Turm erhält zusätzlich drei Punkte, der zweithöchste zwei und der dritthöchste einen.

### WEITERSPIELEN

*F 6.3.4*
*Zu zweit Geschichten bauen und alle Weiterspielvorschläge von Spiel F 6.3.1*

### REFLEXION

Wie war es mit der Enttäuschung, daß du nicht deinen Wunschpartner bekommen konntest?
Wie hat dein Partner reagiert, als du ihm die gewünschten Eigenschaften gesagt hast?
Wie ist das Planungsgespräch verlaufen?

Hat der Partner seine geplanten Aufgaben ernst genommen? Wie konnte man mit ihm zusammenarbeiten? Wie war die Reaktion des Partners auf das Ergebnis? Wie wirkte diese Reaktion auf dich?

## VARIANTE

Nach dem ersten Durchgang werden neue Rechnungen gestellt und ein Wortfeld mit einem neuen Anfangsbuchstaben bestimmt. Nun darf jeder das Spiel mit seinem Wunschpartner spielen. Bewies dieser im Spiel tatsächlich die Eigenschaften, die auf dem Wunschzettel stehen?

## ROLLENSPIEL

- Nein, neben dir will ich nicht sitzen!
- Herr Chef, mit diesem Kollegen kann man doch nicht zusammenarbeiten!

# 7 WIR-SPIELE

## 7.1 Aufwärmspiele für die Gruppe

Aufwärmspiele können die Spiele aus den anderen Kapiteln vorbereiten bzw. einleiten.

### 7.1.1 *Rufen, fragen, erzählen*

**ZIELE**

Aufwärmen
Gesprächskontakt herstellen
Berührungsängste abbauen

**SPIELABLAUF**

Die Mitspieler gehen zu lockerer Musik kreuz und quer durch den Raum. Bei Musikstopp zeigt der Spielleiter eine Satzzeichentafel.
Die Mitspieler richten nun ihr Gesprächsverhalten so lange nach diesem Satzzeichen, bis wieder Musik kommt und sie wieder schweigend kreuz und quer durch den Raum gehen.

Satzzeichentafeln und ihre Bedeutung:

| | | |
|---|---|---|
| Rufzeichen | ! | Die Mitspieler rufen einander beim Umhergehen etwas zu. Beispiele: „Hallo Susi!“, „Komm, gehen wir gemeinsam!“, „Geh nicht so schnell!“, „Ist das ein Blödsinn!“ |
| Fragezeichen | ? | Die Mitspieler stellen einander Fragen. Beispiele: „Wie geht es dir?“, „Wie heißt du?“, „Gefällt dir dieses Spiel?“ |
| Punkt | . | Die Mitspieler machen Feststellungen, treffen Aussagen, erzählen einander etwas. Beispiele: „Dieses Spiel gefällt mir.“, „Mir ist fad.“, „Ich möchte jetzt gerne Pause machen.“, „Du gefällst mir.“ |

**WEITERSPIELEN**

F 7.1.2 *Fragekette*
F 8.1 *Spiel mit Skulpturen*
E 7.1 *Aufwärmspiele für die Gruppe*
E 7.2 *Kooperationsspiele*
E 7.3.1 *Das Aufweckspiel*
E 8.1 *Statuenspiel*

**REFLEXION**

Bei den Aufwärmspielen empfehle ich in der Regel kein Gespräch über das Erlebte, es sei denn, ein Mitspieler will es ausdrücklich. Die Aufwärmspiele sollen die Mitspieler in Schwung bringen, was meist durch bewegungsintensive Spiele passiert.

## 7.1.2 *Fragekette*

### ZIELE

Aufwärmen
Kontaktaufnahme
Namen kennenlernen

### SPIELABLAUF

Es werden zwei Gruppen gebildet. Gruppe A verläßt den Raum, sie ist die Rategruppe. Gruppe B stellt sich sodann in einer Reihe auf. Es entsteht eine Namenreihe, z. B.: Lukas, Gerd, Andrea, Jakob, Lisa, Susi, . . . Johanna.
Wenn die Rategruppe den Raum wieder betritt, bekommt sie vom Spielleiter den Hinweis, daß jeder einzelne von ihnen die Mitspieler der Gruppe B in der richtigen Reihenfolge besuchen müsse, was dadurch erschwert ist, daß diese kreuz und quer im Raum spazierengehen. Sie bekommen lediglich den Namen der ersten Person, in unserem Beispiel also „Lukas" als Hinweis. Weil es sich um ein Wettspiel handelt, suchen die Spieler der Gruppe A möglichst schnell. Sie eilen von einem Mitspieler der Gruppe B zum anderen und fragen ihn leise ins Ohr: „Bist du Lukas?" alle sagen nein, nur wer tatsächlich Lukas findet, erhält von diesem leise die Antwort: „Ja, ich bin Lukas, such den zweiten, nämlich Gerd!" (siehe Beispiel!). Wer sich als erster durch die ganze Namenreihe durchgefragt hat, und bei Johanna angelangt ist, wird von Johanna zum Sieger erklärt.

### HINWEIS

Dieses Spiel klingt für viele Mitspieler nach der ersten Erklärung kompliziert. Sobald das Spiel jedoch im Laufen ist, kennen sich alle aus. Das Spiel macht großen Spaß und wird, wenn die Namen der Mitspieler bereits bekannt sind, gerne in anderen Varianten gespielt.

WEITERSPIELEN

*F 7.1.3*
*Durch den Wald tasten*

*F 7.1.1*
*Rufen, fragen, erzählen und alle Weiterspielvorschläge von Spiel F 7.1.1*

### VARIANTE

Die Mitspieler der Gruppe B geben sich alle einen Tiernamen.

## 7.1.3 *Durch den Wald tasten*

### ZIELE

Aufwärmen
Körperkontakt
Vertrauen lernen
Angst abbauen

### SPIELABLAUF

Es werden zwei Gruppen gebildet. Gruppe A stellt sich mit ausgebreiteten Armen im Raum verteilt auf. Diese Mitspieler stellen die Bäume dar. Von Baum zu Baum soll 2 bis 3 m Abstand gehalten werden.
Die Mitspieler der Gruppe B versuchen sich durch den finsteren Wald (geschlossene Augen) zu tasten, indem sie sich bei jedem Schritt an einem Ast anhalten.

### HINWEIS

Nicht alle Mitspieler schaffen es anfangs, die Augen fest geschlossen zu halten. Sie sind manchmal noch etwas mißtrauisch und blinzeln. Manche Mitspieler haben Angst vor der Finsternis. Blinzeln ist also erlaubt. Wenn öfters „blinde Spiele“ gespielt werden, kann das Vertrauen in die Gruppe wachsen. Man merkt auch bald, daß „blinde Spiele“ in erster Linie dann Spaß machen, wenn man tatsächlich dabei blind ist.

### ROLLENSPIEL

- Eine Gruppe von Personen verirrt sich in unwegsamer Umgebung. Was tun? Soll sie weiterirren? Sollen ein paar versuchen, Hilfe zu holen, während die anderen an Ort und Stelle ausharren?
- Im Keller eines riesigen fremden Hauses geht plötzlich das Licht aus.

WEITERSPIELEN
F 7.1.4 *Über Wurzeln stolpern*
F 7.1.2 *Fragekette*
F 7.3.1 *Blindenmemory*
F 7.2.6 *Weltraumexpedition*
E 7.1 *Aufwärmspiele für die Gruppe*
E 7.3.4 *Hier bin ich*
E 7.5.11 *Geisterbahn*
E 7.5.12 *Vampir-Spiel*

## 7.1.4 Über Wurzeln stolpern

### ZIELE

Aufwärmen
Vertrauen entwickeln
Körperkontakt aufnehmen
Aggressionsverzicht üben
Angst abbauen

### SPIELABLAUF

Es werden zwei Gruppen gebildet. Die Spieler der Gruppe A legen sich mit weit von sich gestreckten Gliedmaßen so auf den Bauch, daß sie einander mit Händen und Füßen berühren. So entsteht im Raum am Boden ein weitverzweigtes Körpernetz. Die Spieler der Gruppe B versuchen nun, durch diesen finsteren Wald (blind) zu gelangen, ohne auf die Wurzeln zu steigen oder über diese zu stolpern.

### HINWEIS

Wie bei Spiel 7.1.3 „Durch den Wald tasten" müssen einige Mitspieler bei der Überwindung der Hindernisse blinzeln, was selbstverständlich auch erlaubt ist. Auch die Mitspieler, die am Boden liegen, können versuchen, die Augen zu schließen und blind darauf zu vertrauen, daß ihnen niemand wehtut. Besonders viel Vertrauen ist nötig, wenn die Spieler der Gruppe A am Rücken liegen.

### WEITERSPIELEN

F 7.1.5
*Durch das Dickicht*

F 7.1.3
*Durch den Wald tasten und alle Weiterspielvorschläge von Spiel 7.1.3*

### VARIANTE

Es werden drei Gruppen gebildet. Die Spieler der Gruppe C sind die Blindenführer der Gruppe B, während Gruppe A am Boden liegt.

## 7.1.5 Durch das Dickicht

### ZIELE

Aufwärmen
Körperkontakt herstellen
Vertrauen aufbauen
Angst abbauen

### SPIELABLAUF

Es werden zwei Gruppen gebildet. Die Spieler der Gruppe A stellen sich so auf, daß sie mit weit von sich gestreckten Gliedmaßen ein Dickicht bilden. Sie können dabei einander an den Händen fassen, manche knien, manche hocken, manche stehen. Sie bilden ein Äste-, Baumstamm- und Blättergewirr mit vielen Durchlässen und Zwischenräumen, die nun zuerst bei Tag (mit offenen Augen) und dann bei Nacht (mit geschlossenen Augen) von den Dschungelforschern der Gruppe B erforscht werden sollen.

**WEITERSPIELEN**

*F 7.1.6*
*Das Goofy-Spiel*
*F 7.1.4*
*Über Wurzeln stolpern und alle Weiterspielvorschläge von Spiel 7.1.3*

### VARIANTEN

- Die Dschungelforscher gehen paarweise und lassen einander beim Durchdringen des Dickichts nicht aus.
- Die Dschungelforscher können verrankte Zweige durchschneiden (Hände lösen), die entstandenen Lücken schließen sich jedoch aber nachher gleich wieder.

## 7.1.6 *Das Goofy-Spiel*

### ZIELE

Aufwärmen
Körperkontakt herstellen
Vertrauen aufbauen
Angstabbau
Wir-Gefühl erzeugen

### SPIELABLAUF

Alle Mitspieler gehen blind umher. Unauffällig bestimmt der Spielleiter einen Mitspieler, der der „Goofy" ist. Alle Mitspieler versuchen den Goofy zu finden. Jeden Mitspieler, den sie beim Umhergehen ertasten, fragen sie „Goofy?". Auch der andere Mitspieler fragt „Goofy?". Wer nun tatsächlich dem Goofy begegnet, erhält von diesem auf die Frage „Goofy?" jedoch keine Antwort. Der Mitspieler weiß nun, daß dies der Goofy ist. Er gibt dem Goofy die Hand und ist nun ebenfalls ein Goofy. Wenn er von jemandem berührt wird und gefragt wird, ob er der Goofy sei, gibt er nun ebenfalls keine Antwort. Der neue Goofy hängt sich nun ebenfalls an. So entsteht eine lange Goofyschlange, die sich durch den Raum bewegt. Zum Schluß wurden alle Mitspieler zu Goofys.

### WEITERSPIELEN

*F 7.1.5*
*Durch das Dickicht und alle Weiterspielvorschläge von Spiel 7.1.3*

### HINWEIS

Dieses Spiel wird nach der ersten Spielbeschreibung durch den Spielleiter nicht immer von allen Mitspielern gleich verstanden. Deshalb ist hier manchmal ein „Probespiel" notwendig.

# 7.2 Kooperationsspiele

## 7.2.1 *Wir hängen alle zusammen*

WEITERSPIELEN
F 7.2.2 *Wir haben alle gleiche Eigenschaften*
F 7.4 *Beziehungsspiele*
F 6.3 *Mit dir zusammenarbeiten*
F 7.1 *Aufwärmspiele für die Gruppe*
E 6.1 *Dich kennenlernen*
E 6.3 *Mit dir zusammenarbeiten*
E 7.1 *Aufwärmspiele für die Gruppe*
E 7.2 *Kooperationsspiele*
E 7.3.2 *Das Mengenspiel*
E 7.4 *Helferspiele*

### ZIELE

Integration
Gruppengefühl steigern
Optische Wahrnehmung schärfen

### SPIELABLAUF

Ein Mitspieler stellt sich in die Mitte des Kreises. Er ruft einen anderen Mitspieler zu sich, der ein äußeres gleiches Merkmal hat. Dieser hängt sich an und ruft einen weiteren Mitspieler zu sich. Beim Zusichrufen wird auch das äußere Merkmal genannt. Das Spiel wird so lange gespielt, bis alle Mitspieler an der Kette beteiligt sind.

### VARIANTE

Die Kette bewegt sich (Eisenbahn). Der jeweils letzte Waggon ruft ein Merkmal, das auf mehrere noch sitzende Mitspieler zutreffen kann. Derjenige von diesen, der sich nun als erster anhängt, darf mitfahren.

## 7.2.2 Wir haben alle gleiche Eigenschaften

### ZIELE

Integration
Gruppengefühl steigern
Selbsteinschätzung trainieren

### SPIELABLAUF

Jeder Mitspieler erstellt schriftlich eine Liste von 5 bis 10 Eigenschaften, die er sich selber zuschreibt. Der Spielleiter kann eventuell eine Auswahl von Eigenschaftswörtern als Hilfe an der Tafel vorgeben.

### BEISPIELE

fleißig, bequem, flink, gemütlich, oft traurig, oft lustig, verläßlich, unverläßlich, jähzornig, ruhig, tolerant, ungeduldig, geduldig, freundlich, oft grantig, manchmal müde, streitsüchtig, nachgiebig, pünktlich

Jeder Mitspieler vergleicht nun seine Liste mit den anderen. Er notiert sich, mit wem er besonders viele gleiche Eigenschaften hat. Am Ende des Spiels stellt er sich zu diesem Mitspieler. Es können sich dabei auch Dreier- und Vierergruppen bilden.

### VARIANTE

Ein Mitspieler stellt sich in die Mitte und liest seine Eigenschaften langsam vor. Ein Mitspieler, der ein Eigenschaftswort hört, das auch auf seinem Zettel steht, gibt dem in der Mitte Stehenden möglichst schnell die Hand. Er liest nun als nächster langsam seine restlichen Eigenschaftswörter vor. Wieder versuchen mehrere „Gleiche" seine Hand als erste zu erreichen. So wird die Kette immer länger.

### REFLEXION

Sind die Mitspieler, mit denen ich viele gleiche Eigenschaften habe, auch meine Freunde? Ist es notwendig, daß ein Freund gleiche Eigenschaften hat? Muß es von Nachteil sein, wenig gleiche Eigenschaften zu haben?
Warum kann es günstig sein, wenn man gleiche Eigenschaften wie andere hat?
Waren die Mitspieler in deiner Kleingruppe erstaunt über die Eigenschaften, die auf deinem Zettel standen?

### WEITERSPIELEN

*F 7.2.3* Wir sehen gleich aus
*F 7.2.1* Wir hängen alle zusammen
*F 8.1* Spiel mit Skulpturen
*F 7.1* Aufwärmspiele für die Gruppe
*F 5.3* Wie bin ich
*F 6.1.7* Partner-Interview
*F 6.2* Dich wahrnehmen
*E 6.2* Dich wahrnehmen
*E 7.2* Kooperationsspiele
*E 7.3.2* Das Mengenspiel
*E 8.2.2* Eigenschaften von Märchenfiguren

## 7.2.3 *Wir sehen gleich aus*

### ZIELE

Integration
Wir-Gefühl steigern
Kooperation üben

### SPIELABLAUF

Gruppen von je vier bis sechs Mitspielern sammeln möglichst viele Fakten, die auf alle Gruppenmitglieder zutreffen.
Beispiele: blaue Augen, gleiches Alter, gleiche Klasse, jeder hat Geschwister, jeder liebt Sport, alle lieben David Hasselhoff, alle essen gerne Pommes frites, keiner macht gerne Hausübungen, alle haben Schuhgröße unter Nr. 37, . . .
Zum Schluß stellt sich jede Gruppe den anderen Gruppen vor. Jede Gruppe hat auch noch einen Gruppennamen und ein Gruppenwappen erfunden.

### VARIANTEN

- Jede Gruppe muß ein Urlaubsprogramm, das allen Gruppenmitgliedern behagt, entwerfen.
- Jede Gruppe einigt sich auf den Kauf eines bestimmten Fahrzeuges und auf den Kauf einer Gruppenbehausung.
- Jede Gruppe einigt sich auf die Gründung einer Firma, in der jeder eine Funktion erhalten soll.

### REFLEXION

Hast du etwas von den Gruppenmitgliedern erfahren, das du vorhin nicht wußtest?
Wie ist die Gruppe entstanden?
Stand jemand in der Gruppe besonders im Vordergrund?
Wer hat sich zurückgehalten?
Welche Position hattest du?

### HINWEIS

Dieses Spiel ist auch zum Aufwärmen gut geeignet. Bei der Präsentation werden die anderen Mitspieler meist durch etliche kreative Ideen erheitert.

### ROLLENSPIEL

Die Mitspieler der Kleingruppe spielen die Schuldirektoren einer ganz besonderen Schule – einer Schule, in der es dadurch zu möglichst wenig Konflikten kommen soll, daß nur solche Schüler aufgenommen werden sollen, die möglichst viele bestimmte Kriterien erfüllen können. Das Aufnahmegespräch Direktor – Schüler (Mitspieler aus anderen Gruppen) wird als Rollenspieldialog gespielt.

WEITERSPIELEN

*F 7.2.4*
*Gemeinsam den Geburtstag planen*

*F 7.2.2*
*Wir haben alle gleiche Eigenschaften und alle Weiterspielvorschläge von Spiel 7.2.2*

## 7.2.4 Gemeinsam den Geburtstag planen

### ZIELE

Kooperation
Integration
Du-Beziehung festigen

### SPIELABLAUF

In Vierergruppen haben die Mitspieler eine halbe Stunde Zeit, zu überlegen, welches Geschenk sie anschließend dem Geburtstagskind präsentieren. Das Geburtstagskind darf inzwischen einer Lieblingsbeschäftigung außerhalb des Raumes nachgehen.

### BEISPIELE

Ein Gedicht erfinden
Eine Geburtstagsansprache zusammenstellen
Eine Gemeinschaftszeichnung machen
Ein Lieblingsspiel des Geburtstagskindes vorbereiten
Ein Geburtstagslied einstudieren
Eine Geburtstagsgeschichte vorlesen

### HINWEIS

Bei diesem Spiel ist es notwendig, zu klären, daß das Geburtstagskind nicht – ähnlich wie bei Polterabenden der Bräutigam – das Opfer von allerlei zweifelhaften Späßen und Schabernack werden soll. Mit der Zeit kann auch eine schriftlich festgehaltene Ideensammlung entstehen, aus der sich das Geburtstagskind eine Wunschliste zusammenstellen kann.

### REFLEXION

Worauf habt ihr bei euren Ideen geachtet?
Welche Geschenke sind leicht auszuwählen?
Woher wußtet ihr, daß euer Geschenk dem Geburtstagskind Freude machen wird?
Warum hat sich das Geburtstagskind gefreut?
Was hätte dem Geburtstagskind keine Freude bereitet?

### ROLLENSPIEL

- Das unmögliche Geburtstagsgeschenk
- Die verpatzte Geburtstagsparty
- Der vergessene Geburtstag
- Ein fürchterlicher Gast
- Ein fürchterlicher Gastgeber

### WEITERSPIELEN

*F 7.2.4* *Gemeinsam die Klasse planen*
*F 7.2.3* *Wir sehen gleich aus*
*F 7.4* *Beziehungsspiele*
*F 8.1.4* *Familienskulpturen*
*F 8.2* *Planspiel*
*E 5.1.3* *Das Wünschespiel*
*E 7.2* *Kooperationsspiele*
*E 7.4* *Helferspiele*
*E 8.1.5* *Schaufensterpuppen*

## 7.2.5 Gemeinsam die Klasse planen

### ZIELE

Kooperation lernen
Demokratisches Verhalten einüben
Selbst- und Mitbestimmung üben

### SPIELABLAUF

Es werden Vierergruppen gebildet. Jede Gruppe wählt einen Schriftführer. Die Schriftführer erhalten je 20 Zettel, die etwa 5 x 10 cm groß sind. Die Gesamtgruppe macht nun ein Brainstorming zum Thema „Schule“, das heißt, es werden Begriffe genannt, die zum Thema „Schule“ passen.

### BEISPIELE

Hefte, Zeugnis, Papierkorb, fleißig, interessant, Lehrer, Schüler, lernen, schwindeln, jausnen, Direktor, Pause, . . .

Jeder Begriff wird von den Schriftführern jeder Gruppe auf einen eigenen Zettel geschrieben. Dazu dürfen die Vorschläge der Mitspieler nicht zu schnell kommen, damit die Schriftführer mit dem Schreiben nachkommen.
Sind die 20 Begriffe gesammelt, richtet jede Kleingruppe nun ihr Klassenzimmer ein: Grundriß ist ein Schultisch. Die Einrichtungsgegenstände (Tische, Regale, Raumteiler, Schultafel) sind die beschrifteten Zettel, die auf dem Grundriß aufgelegt werden. Zettel, die einen Begriff beinhalten, dem diese Gruppe in ihrer Klasse keinen Platz einräumen will, wandern in den Papierkorb. Bei der Anordnung der Einrichtungsgegenstände ist es auch von Bedeutung, welche Wortgruppen zu Tischgruppen zusammengestellt werden, welche Zettel im Zentrum, welche am Rand und welche in einer Ecke zu liegen kommen. Es ist auch von Bedeutung, ob die Tische in Reihen, in U-Form, in Gruppen oder durcheinander angeordnet sind. Auch ungewöhnliche Anordnungen von Einrichtungsgegenständen sind möglich.
Am Ende des Einrichtungsvorganges, der 15 bis 30 Minuten dauern kann, stellen die einzelnen Gruppen einander ihren Klassenraum vor: Sie erklären, warum sie diese Art der Anordnung gewählt haben, warum sie diesen und jenen Begriff nebeneinandergelegt haben, warum sie bestimmte Begriffe in den Papierkorb geworfen haben. Sie erklären, warum sie andere gerne aus der Schule verbannen würden.

### VARIANTEN

- Wir bauen den Grundriß eines Dorfes (einer Stadt, einer Gemeinde).
- Wir bauen den Grundriß einer Wohnung.

**WEITERSPIELEN**

*F 7.2.6* *Weltraumexpedition*
*F 7.2.4* *Gemeinsam den Geburtstag planen*
*F 8.2* *Planspiel*
*F 6.1.12* *Dein Lieblingsplatz*
*F 6.3* *Mit dir zusammenarbeiten*
*E 5.3.1* *Den Raum wahrnehmen*
*E 7.2* *Kooperationsspiele*
*E 8.1.7* *Der Fotograf*

## HINWEIS

Dieses Spiel wurde von mir auch bei Elternabenden erfolgreich eingesetzt.
Ich kann mir dieses Spiel auch als Diskussionsgrundlage für eine pädagogische Lehrerkonferenz vorstellen.

## REFLEXION

Gab es starke Auffassungsunterschiede in der Kleingruppe?
Was ist bei allen Kleingruppen gleich?
Was kann in unserer Klasse wirklich anders als bisher „eingerichtet" werden?
Wie stark hast du dich an der Diskussion in der Kleingruppe beteiligt?
Wurden deine Vorstellungen stark berücksichtigt?
Warum bleiben manche eurer Ideen nur Spiel und Utopie?

## ROLLENSPIEL

Planspiel (Siehe S. 107!)

## 7.2.6 *Weltraumexpedition*

### ZIELE

Integration
Festlegen von Positionen
Durchsetzung eigener Vorstellungen üben
Kooperation

### SPIELABLAUF

Jede Gruppe von 8 Mitspielern baut die Sitzplätze in einem Raumschiff auf, das ein Jahr lang zu einem entfernten Planeten unterwegs sein soll. Alle möglichen Positionen müssen besetzt sein: Kapitän, Pilot, Kopilot, Ingenieur, Koch, . . .
Ein Beobachter sitzt bei der Gründungssitzung der Expeditionsmannschaft dabei und macht sich Notizen über seine Eindrücke, die er bezüglich der Dominanz und der Zurückhaltung der späteren Expeditionsteilnehmer im Gespräch hat.
Wenn alle Positionen festgelegt sind, erhält die Gruppe einige Aufgaben, die sie in der Diskussion (Trainingsgespräch) zu lösen hat:

1. Ein fremdes Raumschiff greift an. Nur ein äußerst geschicktes und tapferes Todeskommando kann das Raumschiff vor dem Untergang retten.
2. Mehrere Antriebssysteme sind ausgefallen. Ein Teil der Besatzung muß ins kleine Hilfsraumschiff umsteigen. Die Überlebenschancen im Hilfsraumschiff sind gering.
3. Der Kapitän und sein Stellvertreter sind plötzlich an einer geheimnisvollen Geisteskrankheit erkrankt. Sie verhalten sich so, daß sie für die Besatzung ein lebensgefährliches Risiko darstellen. Der Kopilot ist sehr unerfahren.
4. Ein unbekannter Planet ist in Sicht. Er sieht trügerisch aus. Soll man landen? Ist er eine Rettung für diejenigen, die die Expedition bereits als Fahrt in den Tod betrachten?
5. Ein feindliches Raumschiff mit einem mächtigen Magnetfeld hat das Raumschiff in seine Gewalt gebracht. Über das Funkkommunikationssystem kommt von dort die Bedingung: Liefert uns ein Besatzungsmitglied aus, nur dann könnt ihr uns entrinnen!

Jede Gruppe hat nun ein Problem, das ähnlich einem der vorhin diskutierten Probleme ist, spontan im Rollenspiel vor der Gesamtgruppe zu lösen.

1. Das Raumschiff ist an ein feindliches Flugobjekt geraten, das es nun mit Fangarmen festhält. Einige Besatzungsmitglieder müssen das Raumschiff verlassen, um es aus den Fangarmen zu befreien. Die Überlebenschance für diese tapferen Leute scheint gering zu sein.
2. Aus rätselhaften Gründen ist ein Teil der Nahrung im Raumschiff ungenießbar geworden. Ein Teil der Mannschaft muß auf einem unbekannten Planeten ausgesetzt werden.


**WEITERSPIELEN**

F 7.2.5 *Gemeinsam die Klasse planen*

F 7.4 *Beziehungsspiele*

F 8.2 *Planspiel*

F 8.3 *Soziales Rollenspiel*

F 5.3.7 *Eigenschaften verteilen*

F 6.3 *Mit dir zusammenarbeiten*

E 6.3 *Mit dir zusammenarbeiten*

E 7.2 *Kooperationsspiele*

E 7.4.13 *Tragewettlauf*

3. Der Kapitän und sein Stellvertreter verhalten sich in den letzten Tagen so, daß eine Meuterei angebracht scheint.
4. Es ist unsicher, wie lange das Raumschiff technisch noch funktionsfähig ist. Die Besatzung eines außerirdischen Raumschiffes bietet der Besatzung ein Umsteigen auf deren Raumschiff an.
5. Über das Weltraumradiosystem wird bekannt, daß 90 % aller Weltraumnahrung verseucht sind. Hat das Virus, das sofort tödliche Wirkung zeigt, auch unser Raumschiff befallen? Muß die ganze Besatzung verhungern? Die einzige Lösung: Einer muß als Testperson eine Nahrungspille kosten.

## REFLEXION

Entsprach das Verhalten im Rollenspiel dem Training in der Diskussion?
Wer übernahm welche Aufgaben?
Welche Eigenschaften traten zutage?
Welche Besatzungsmitglieder gerieten aneinander? Gab es nur spielerische Konflikte oder gab es echte Diskrepanzen der Mitspieler untereinander?
Wer war aktiv an der Problemlösung beteiligt? Wer versuchte im Gespräch, den Mitspielern Aufgaben aufzuhalsen?
Wer ist mit dem Ergebnis zufrieden oder unzufrieden?
Würde jemand, wenn er das Spiel nochmals spielen würde, lieber eine andere Rolle bekleiden? Wie könnte eine neue Rollenverteilung aussehen?

Am Reflexionsgespräch beteiligen sich sowohl die Aktiven als auch die beobachtenden Gruppen. Die Gesprächsbeiträge der Besatzungsmitglieder haben Vorrang.
Zum Schluß erzählt der Beobachter, der beim Trainingsgespräch zugehört hat, welche Unterschiede ihm zwischen Trainingsgespräch und Rollenspiel aufgefallen sind.

# 7.3 Integrationsspiele

## 7.3.1 *Blindenmemory*

### ZIELE

Integration
Taktile Wahrnehmung fördern
Verstehen von Behinderung

### SPIELABLAUF

Auf einem kleinen Teppich liegen acht Gegenstände. Jeden Gegenstand gibt es in doppelter Ausführung: etwa 2 Bleistifte, 2 Radiergummis, 2 Spitzer, 2 Kugelschreiber. Der Blinde ertastet die Gegenstände, ordnet sie zu Paaren, benennt diese und sucht den Oberbegriff (in unserem Beispiel: „Schulsachen").

WEITERSPIELEN

*F 7.3.2*
*Der Blinde und der Film*

*F 7.1.3*
*Durch den Wald tasten*

*E 5.3*
*Was nehme ich wahr*

*E 6.2*
*Dich wahrnehmen*

*E 6.3.2*
*Zwei Hände helfen zusammen*

*E 7.2*
*Kooperationsspiele*

*E 7.4*
*Helferspiele*

### VARIANTEN

- Holzplättchen, deren Oberfläche paarweise die gleiche Struktur (rauh, glatt, . . .) hat.
- Holzbuchstaben paarweise ordnen.
- Mit Holzbuchstaben Gruppen bilden (alle, die nur gerade Striche haben, alle die nur gebogene Striche haben, alle gemischten).
- Schulgegenstände und Spielzeug in zwei Gruppen trennen.
- Holzstäbchen, Steine, Knöpfe nach Größe oder Gewicht ordnen.
- Blinden-Kimspiel: Ein Mitspieler entfernt einen Gegenstand. Durch Tasten stellt der Blinde fest, was fehlt.

### REFLEXION

In welchen Berufen kann Blinden dieses Training nützlich sein?
Ist der Sehende bei diesen Spielen behindert?
(Ja, vielleicht braucht er dabei sogar als Hilfsmittel eine Augenbinde.)

**7.3.2**

WEITERSPIELEN

*F 7.3.3*
*Blindheit im Alltag*
*F 7.3.1*
*Blindenmemory*
*F 6.1.10*
*Gerüchte über Personen*
*F 7.1.4*
*Über Wurzeln stolpern*
*E 5.2*
*Was kann ich*
*E 5.3*
*Was nehme ich wahr*
*E 6.2*
*Dich wahrnehmen*
*E 6.3.2*
*Zwei Hände helfen zusammen*
*E 7.2*
*Kooperationsspiele*
*E 7.4*
*Helferspiele*

# *Der Blinde und der Film*

## ZIELE

Integration
Helfen
Akustische Wahrnehmung schulen

## SPIELABLAUF

Grundlage für diese Übung ist ein kurzer Spielfilm (Dauer 10 bis 20 Minuten).
Eine Mitspieler-Gruppe schaut sich diesen Film „normal" an.
Eine zweite Mitspieler-Gruppe sitzt blind vor dem Bildschirm.
Eine dritte und vierte Gruppe befindet sich außerhalb des Raumes.
Die erste Gruppe erzählt nach dem Film der dritten Gruppe den Film, ohne daß die anderen Gruppen zuhören.
Dann erzählt die zweite Gruppe der vierten Gruppe den Film.
Nun erzählt die vierte Gruppe der Gesamtgruppe, was sie von dem Film weiß. Dann erzählt die zweite Gruppe, was sie von dem Film weiß. Jetzt kommt die dritte Gruppe und schließlich die erste Gruppe dran.

## REFLEXION

Was sind die Unterschiede zwischen dem ganzheitlichen Medienerlebnis und dem lediglich akustischen?
Welchen Einschränkungen ist der Blinde beim Erzählen von Erlebtem unterworfen?
Wie sehr ist er auf die Beschreibung der Umwelt durch andere Personen angewiesen?

## 7.3.3 Blindheit im Alltag

### ZIELE

Integration
Taktile Wahrnehmung schulen
Helfen
Körpererfahrung

### SPIELABLAUF

Ein Blinder hat jeweils einen „Erzähler" als Helfer. Jeder Erzähler hat einen Geschichtenzettel mit dem Tagesablauf eines Blinden in der Hand. Er liest den Zettel dem Blinden satzweise vor, dieser führt die Handlungen blind durch. Der Erzähler ist dafür verantwortlich, daß sich „sein" Blinder nicht weh tut.

Die Geschichte:
Der blinde Max (Gerda) liegt im Bett (zusammengestellte Tische, Stühle, Bank). Er wälzt sich von einer Seite auf die andere. Der Wecker läutet. Max setzt sich auf, steigt aus dem Bett, sucht seine Pantoffeln. Er geht aufs Klo (der Erzähler wartet vor der Klokabine). Max sperrt ab, klappt den Klodeckel runter, setzt sich hin, verwendet das Klopapier, betätigt die Spülung, sucht die Verriegelung der Tür, öffnet diese und sucht das Waschbecken. Er wäscht sich die Hände, trocknet sie ab. Nun geht er wieder ins Schlafzimmer. Er zieht sich eine Hose und ein Hemd an, knöpft alles gut zu und zieht sich die Schuhe an. Die Schuhbänder müssen gut gebunden werden. Irgendwo in der Ecke neben der Tür befinden sich der Hut und ein Schirm in der Garderobe. Nun geht Max über die Stufen ins nächste Stockwerk. Er öffnet das Fenster und stellt fest, wie das Wetter heute ist. Die Lust am Spazierengehen ist ihm vergangen. Er geht wieder in sein Zimmer. Auf der Anrichte befinden sich ein Suppenteller, ein Fleischteller, Besteck, eine Kaffeeschale und eine Flasche mit Wasser. Aus einem (mit Wasser gefüllten) Suppentopf schöpft nun Max Suppe in den Suppenteller. Als er mit dem Suppenessen fertig ist, nimmt er aus der Pfanne Fleisch (ein Stück Schwarzbrot), legt es auf den Fleischteller und ißt mit Messer und Gabel das Fleisch. Er trinkt dazu einen Saft, den er aus der Flasche in die Kaffeeschale gegossen hat. Als er fertig ist, trägt er das Geschirr zum Waschbecken, wäscht und trocknet es ab. Dann räumt er es wieder zurück zur Anrichte. Nun geht er zum Spielzeugregal und spielt eine Zeitlang. (In dem Regal ist eine vielfältige Auswahl von Spielzeug.)
Nun liest er etwas in der Blindenschrift, bevor er sich zu einem kleinen Mittagsschläfchen niederlegt. (Auf dem Blindenschriftblatt ist mit Tastbuchstaben aufgeklebt: Max, das hast du gut gemacht.)
Ende des Spiels

**WEITERSPIELEN**

*F 7.3.4*
*Die blinde Gruppe*

*F 7.3.2*
*Der Blinde und der Film und alle Weiterspielvorschläge von Spiel F 7.3.2*

## HINWEIS

Nicht alle Mitspieler der Gruppe können dieses Spiel gleichzeitig machen. Dieses Spiel kann ein Auftrag im Rahmen des Wochenplans sein, den die Mitspieler zu verschiedenen Zeiten mit einem Partner erledigen. Der Blinde kann zu jeder Phase der Geschichte das Spiel beenden, wenn es ihm zu anstrengend wird.

## REFLEXION

Was war besonders schwierig?
Warum hast du das Spiel abgebrochen?
Mußtest du blinzeln?
Wie war das Spielen, das Essen, das Anziehen, das Treppensteigen?
Könntest du diese Tätigkeiten ohne Helfer durchführen?
Wie könntest du trainieren?

## 7.3.4 Die blinde Gruppe

ZIELE

Integration Akustische Wahrnehmung schulen

SPIELABLAUF

Bis zu fünf Mitspieler werden vom Spielleiter im Raum verteilt. Sie schließen die Augen und nehmen am Boden Platz. Nun rufen sie die Namen der anderen vier Mitspieler. Diese antworten mit „Hier bin ich!“ Jetzt weiß jeder Mitspieler, wo die anderen vier Mitspieler ungefähr sitzen. Ein vom Spielleiter bestimmter freiwilliger Blinder steht nun auf und geht blind vorsichtig zum nächsten Mitspieler, ertastet diesen und nennt dessen Namen. Stimmt der Name, steht dieser Mitspieler blind auf, gibt dem ersten die Hand und sucht gemeinsam mit diesem den nächsten am Boden Hockenden. Das Spiel wird so lange fortgesetzt, bis alle Blinden eine Schlange bilden. Wird ein Name falsch gesagt, muß vorerst ein anderer Blinder gesucht werden. Die suchenden Blinden können sich miteinander absprechen, um wen es sich bei dem Hockenden gerade handelt.

VARIANTE

Nach dem Zurufen werden alle Blinden von Helfern an den Rand des Raumes geführt. Dort öffnen sie die Augen. Einer von ihnen setzt nun seine Mitspieler an den Platz, wo er glaubt, daß sie vorhin als Blinde gehockt sind.

HINWEIS

Blindheit als Behinderung läßt sich im Spiel einfacher darstellen als andere Behinderungen. „Blindenspiele“ können also gut als Impuls für Gespräche über Behinderungen dienen. Es ist jedoch darauf zu achten, daß nicht übersehen wird, daß es verschiedene Behinderungsgrade gibt und jede Behinderung ihren eigenen Verlauf und ihre eigenen Probleme hat. Jede Art von Behinderung hat mit anderen Hindernissen aus der Umwelt zu kämpfen. Mehrfachbehinderte haben es besonders schwer. Das spielerische Ausprobieren von Behinderungen kann zu einer Unterschätzung der „Dauerbelastung“ im Alltag durch eine Behinderung führen, obwohl der Behinderte gelernt hat, mit seiner Behinderung umzugehen.

ROLLENSPIEL

- 4 blinde Kinder beim Spiel ohne Betreuer (Spiele: Ballspiele, Brettspiele, Bausteine)
- 4 blinde Kinder beim Spiel mit Betreuer
- 4 blinde und zwei sehende Kinder beim Spiel
- 2 blinde und zwei sehende Kinder beim Spiel
- Als unser blinder Mitschüler von einem Fremden ausgespottet wurde
- Ich erzähle meinem Freund von unserem neuen blinden Mitschüler in der Klasse.

WEITERSPIELEN

F 7.3.5
*Blindenbillard*

F 7.5.3
*Blindheit im Alltag und alle Weiterspielvorschläge von Spiel F 7.3.2*

## 7.3.5 *Blindenbillard*

### ZIELE

Integration
Beschützen
Helfen
Kooperation
Vertrauen entwickeln

### SPIELABLAUF

Ein Freiwilliger steht in der Mitte. Die anderen Mitspieler bilden stehend einen Kreis um ihn. Nun beginnt der Freiwillige blind im Kreis in eine Richtung zu gehen. Wenn er einen halben Meter vor einem der Umstehenden angelangt ist, warnt ihn dieser vor dem Anstoßen mit dem Ruf: „(Name), paß auf!" Nun ändert der Blinde seine Gehrichtung und geht so lange weiter, bis er wieder gewarnt wird.

### VARIANTEN

- Wenn der Blinde in Gefahr gerät anzustoßen, wird er von hinten gerufen und gewarnt.
- Der Blinde geht durch ein Spalier von Mitspielern. Die Gasse ist etwa zwei Meter breit und kann auch Kurven machen.
- Der Blinde geht in einer Personenreihe, die sich durch den Raum schlängelt und wird durch Flüstern seines Namens weitergeleitet.

### HINWEIS

Nicht alle Kinder spielen gerne den Blinden.
Nicht alle Kinder stehen gerne blind in der Mitte, während die anderen Mitspieler die Augen offen haben. Sie fühlen sich unangenehm beobachtet. Besonders auf Kinder, die neu in der Gruppe oder in der Klasse sind, kann das zutreffen.

### REFLEXION

Hattest du Angst, jemanden zu berühren?
Wie war es, blind deinen Namen zu hören?
Konntest du dich blind orientieren?

### ROLLENSPIEL

- Ein blinder Schüler soll in der Klasse integriert werden. Er betritt heute zum ersten Mal die Klasse. Max und Moritz spielen dem blinden Mitschüler Streiche.
- Eines Morgens, als mich meine Mutter aufweckte, konnte ich nichts mehr sehen.
- Nach einem halben Jahr Krankenhausaufenthalt bin ich wieder nach meinem schweren Unfall zu Hause. Es läutet. Ich öffne die Tür. Meine alten Freunde holen mich erstmals wieder zum Spielen ab.

WEITERSPIELEN

*F 7.3.6*
*Nichts hören*

*F 7.3.4*
*Die blinde Gruppe und alle Weiterspielvorschläge von Spiel F 7.3.2*

## 7.3.6 Nichts hören

### ZIELE

Integration
Helfen
Kooperation
Vertrauen entwickeln
Mit Behinderten kommunizieren

### SPIELABLAUF

Die Spieler stecken sich Watte in die Ohren und binden sich noch zusätzlich Tücher um. Gespielt werden:
Pantomimische Spiele
Gebärdenspiele
Spiele mit Zeichensprache (Fingerbuchstaben)
Schriftliche Verständigung
Optische Signale aussenden

### HINWEIS

Der Taube ist weit mehr sozial isoliert als der Blinde. Er leidet darunter, daß er zwar (eingeschränkt) mit anderen Menschen kommunizieren kann, diese jedoch sehr schwer mit ihm. So sehr er sich auch Mühe gibt, die Mitmenschen sind oft nicht imstande (oder geben sich nicht die nötige Mühe), mit ihm geduldig und deutlich genug zu sprechen. Es ist also meist eine einseitige Beziehung.
Diese Isoliertheit zu verstehen und die Bereitschaft zu Geduld in der Kommunikation mit Tauben könnten Hauptziel von Übungen und Spielen Nichtbehinderter in diesem Bereich sein.

WEITERSPIELEN

*F 7.3.7* Behinderung der Gliedmaßen

*F 7.3.5* Blindenbillard

*E 5.3* Was nehme ich wahr

*E 7.5.8* Die Friedenssprache

*E 8.3* Pantomimisches Spiel

## 7.3.7 Behinderung der Gliedmaßen

### ZIELE

Körpererfahrung
Integration
Helfen
Umgang mit Behinderung lernen

### WEITERSPIELEN

*F 7.3.6*
*Nichts hören*

*F 7.3.5*
*Blindenbillard*

*F 5.1*
*Was fühle ich*

*F 6.3*
*Mit dir zusammenarbeiten*

*F 7.1.4*
*Über Wurzeln stolpern*

*E 6.2.5*
*Du bewegst mich*

*E 6.3*
*Mit dir zusammenarbeiten*

*E 7.2*
*Kooperationsspiele*

### SPIELABLAUF

Ein Viertel der Mitspieler klemmt sich während der Spiele der nächsten halben Stunde Luftballons zwischen die Knie. Nach der halben Stunde berichten die „Behinderten" und die „Nichtbehinderten", wie es ihnen beim gemeinsamen Spiel ergangen ist.

### VARIANTE

Ein Viertel der Mitspieler hat Zeigefinger, Mittelfinger und Ringfinger zusammengebunden. Es werden Spiele – gemeinsam mit den „Nichtbehinderten" gespielt, bei denen der Gebrauch der Hände eine wichtige Rolle spielt.

### HINWEIS

Durch das Simulieren von Behinderung kann ein komisches Bild beim Spielen entstehen. Gelächter durch alle Beteiligten kann entstehen – ein Gelächter, das auch der Behinderte manchmal erntet. Je länger der „behinderte" Mitspieler die „Behinderung" spielen muß, umso mehr wird er den lachenden Mitspielern eine Rückmeldung darüber geben, wie es ihm dabei geht. Wenn der „behinderte" Mitspieler seine Rolle länger spielen muß, als ihm lieb ist und die „Behinderung" ihm schon zur Last wird, wird seine Rückmeldung an die Mitspieler an Echtheit zunehmen.

# 7.4 Beziehungsspiele

## 7.4.1 Gruppennetz

**WEITERSPIELEN**

F 7.2.4 *Geburtstagsparty*
F 8.1 *Spiel mit Skulpturen*
F 5.3.7 *Eigenschaften verteilen*
F 6.1.6 *Treffpunkt*
F 6.2 *Dich wahrnehmen*
F 7.1 *Aufwärmspiele für die Gruppe*
F 7.2.1 *Wir hängen alle zusammen*
E 6.1.2 *Namenkreuzworträtsel*
E 6.1.4 *Autogramme sammeln*
E 6.2.1 *Du paßt zu mir*
E 6.3 *Mit dir zusammenarbeiten*
E 7.1 *Aufwärmspiele für die Gruppe*
E 7.2.7 *Seilmannschaften*

### ZIELE

Verbindungen und Beziehungen in der Gruppe sichtbar machen
Gemeinsamkeiten erkennen
Gruppengefühl stärken
Körperkontakt spüren
Integration
Zuneigung zeigen

### SPIELABLAUF

Die Gruppe sitzt im Kreis. Ein Mitspieler stellt sich in die Mitte. Ein zweiter Mitspieler stellt sich zu ihm, legt seine Hand auf die Schulter des ersten Mitspielers und sagt, was ihn mit diesem verbindet. Nun kommt ein dritter Mitspieler dazu, dann ein vierter, bis sich alle Spieler im „Gruppennetz" befinden. Manche Mitspieler haben Verbindungen zu mehreren Mitspielern, was sie optisch (Hand auflegen) und auch sprachlich zeigen.

### BEISPIEL

1. Mitspieler: „Ich heiße Irene."
2. Mitspieler (Magdalena): „Ich wohne in der gleichen Straße wie Irene."
3. Mitspieler (Sebastian): „Ich habe heute mit Irene in der Pause Fangen gespielt." (Stellt sich zu Irene.)
4. Mitspieler (Philipp): „Ich habe am gleichen Tag wie Magdalena Geburtstag. (Stellt sich zu Magdalena.)
5. Mitspieler (Birgit): „Magdalena, Philipp und ich spielen oft miteinander." (Legt einen Arm auf Magdalena und einen auf Philipp).

### HINWEIS

Dieses Spiel kann mehrmals hintereinander gespielt werden. Das Gruppennetz wird immer wieder ein bißchen anders aussehen. Bei mehrmaligem Spielen hat es der einzelne Mitspieler selber in der Hand, ob er lieber mehr in der Mitte der Gruppe oder am Rand stehen will.

## 7.4.2 *Geburtstagsparty*

### ZIELE

Verbindungen und Beziehungen in der Gruppe sichtbar machen und aussprechen
Umgang mit Einladungen (und nicht ausgesprochenen Einladungen)
Gruppengefühl stärken
Körperkontakt spüren
Integration
Zuneigung zeigen

### SPIELABLAUF

Wie bei Spiel 7.4.1 „Gruppennetz“ beginnt ein Mitspieler, indem er sich in die Mitte des Kreises stellt. Vielleicht ist dieser Mitspieler heute das Geburtstagskind? Er holt nun einzeln die anderen Mitspieler zu sich – jeweils mit einer sprachlichen Begründung – und lädt sie so zu seiner Party ein. Der Eingeladene kommt und stellt sich zu den bereits in der Mitte des Kreises Stehenden. Er kann sich den Platz selber aussuchen. Das Spiel geht so lange, bis alle Mitspieler Gäste der Party sind.

### BEISPIELE

„Nicole, ich lade dich zu meiner Geburtstagsparty ein, weil du meine beste Freundin bist.“
„Andrea, ich lade dich ein, weil du mir gestern etwas von deiner Jause gegeben hast.“

### REFLEXION

War jemand verwundert oder enttäuscht, daß er so spät zur Geburtstagsparty eingeladen wurde? War es für das Geburtstagskind schwer, Begründungen für die Einladungen zu finden? Ist es realistisch, daß alle zur Party eingeladen werden? Was versteht ihr unter einer „Höflichkeitseinladung“ oder unter einem „Höflichkeitsbesuch“?

### WEITERSPIELEN

*F 7.4.3*
*Mein Platz in der Gruppe*
*F 7.4.1*
*Gruppennetz und alle Weiterspielvorschläge von Spiel 7.4.1*

### ROLLENSPIEL

- Eine steife Party
- Höflichkeitsbesuch
- Am Hofe von Dornröschen wird diskutiert, warum man die eine oder andere Fee einladen oder nicht einladen will.

# 7.4.3 Mein Platz in der Gruppe

WEITERSPIELEN

F 7.4.4 *Wollfadennetz*

F 7.4.2 *Geburtstagsparty*

F 7.5.4 *Bedrohungskreis*

F 7.5.8 *Spießrutenlauf*

F 8.1.4 *Skulpturen als Beziehungsbarometer*

F 5.1 *Stimmungsbild*

F 5.3.7 *Eigenschaften verteilen*

F 6.1.10 *Gerüchte über Personen*

F 6.3.5 *Zufallsbekanntschaft*

F 7.2 *Kooperationsspiele*

F 7.3 *Integrationsspiele*

E 6.1 *Dich kennenlernen*

E 6.2 *Dich wahrnehmen*

E 7.1.3 *Begrüßungsspiele*

E 7.2 *Kooperationsspiele*

E 7.3 *Integration neuer Mitschüler*

E 7.4 *Helferspiele*

## ZIELE

Verbindungen und Beziehungen in der Gruppe sichtbar machen
Positionen (Mittelpunkt, Außenseiter, Randstellung) sichtbar machen
Umgang mit Randgruppen und deren Integration
Zuneigung und Ablehnung zeigen
Gruppengefühl stärken

## SPIELABLAUF

Alle Mitspieler stehen am Rand des Raumes. Jeder Mitspieler geht einzeln in den Raum, nimmt seinen Sessel und setzt sich an eine Stelle, die ihm behagt. Stellt ein weiterer Mitspieler seinen Sessel in seine Nähe, so kann er näher zu diesem hinrücken oder von diesem abrücken. Während dieses Spiels wird nicht gesprochen.

## HINWEIS

Es ist von Vorteil, dieses Spiel erst bei spielerfahrenen Gruppen und nach anderen Gruppenbildungsspielen einzusetzen. Das Spiel kann mehrmals wiederholt werden. Es kann auch die Reihenfolge festgelegt werden, indem man bestimmt, daß sich die Mitspieler reihum in den Kreis begeben. Es ist wichtig, daß über offensichtlich zutage getretene Abneigungen im Anschluß im Gesprächskreis gesprochen wird. Abneigungen, Einzelgänger- und Außenseitertum können hier erkannt und aufgefangen werden. Neben dem Gespräch können hier Integrations-, Kooperations- und Du-Spiele hilfreich sein und zu einer Verbesserung der Gruppensituation führen.
Besonders muß im Gespräch jenen Mitspielern Raum gegeben werden, die mit dem Spielergebnis unzufrieden waren.
Die Ergebnisse der Beobachtungen der Mitspieler, die am Rand stehen, sind ebenfalls von Bedeutung.
Nachdem das Spiel eine „Momentaufnahme“ der Gruppensituation ist, kann das Spiel schon beim zweiten Mal ein anderes Ergebnis zeigen. Hier fließen schon die, durch das Gespräch und durch inzwischen durchgeführte andere Spiele angeregten, gruppendynamischen Prozesse mit ein.

## REFLEXION

Warum bist du weg- oder nähergerückt? Wurde jemand zum Außenseiter? Zeigte das Spiel, wer tatsächlich im Gruppenalltag im Mittelpunkt steht? Was ist damit verbunden? Welche Eigenschaften hat die Person, die im Mittelpunkt steht? Wie können wir „Randpersonen“ hereinholen? Wollen wir Randpersonen hereinholen? Wollen diese hereingeholt weden? In welcher Alltagssituation hast du dich im Mittelpunkt oder am Rand gefühlt?
War dir wohl oder unangenehm dabei zumute?

*E 7.5.2*
*Tauziehen*
*E 7.5.7*
*Kampflinie*
*E 7.5.9*
*Die Beschuldigung*

Änderte sich die Situation? Wodurch? Welche Gruppen in deiner näheren Umwelt sind „Randgruppen“? Wie stehst du zu ihnen? Kennst du jemanden, der Aggressionen gegen Randgruppen hegt? Was macht dies aus?

**ROLLENSPIEL**

- Ein unliebsamer Tischnachbar im Gastlokal
- Konflikt im Eisenbahnabteil
- Neben dem will ich in der Klasse nicht mehr sitzen . . .

## 7.4.4 *Wollfadennetz*

**ZIELE**

Verbindungen in der Gruppe sichtbar machen
Verbindungen herstellen
Integration

**SPIELABLAUF**

Bei diesem bekannten Spiel wird ein Wollknäuel im Kreis von einem zum anderen Mitspieler gerollt, wobei es abgespult wird. Der Mitspieler, der das Wollknäuel gerade erhält, hält den Faden fest und rollt es zu einem anderen Mitspieler. Dies kann auch mit gleichzeitigem Rufen des Namens des Empfängers geschehen. Das Wollknäuel kann auch mehrmals beim gleichen Mitspieler landen, was ein Hinweis auf besonders viele Beziehungen zu anderen Mitspielern sein kann. Das Spiel kann auch mit mehreren verschiedenfärbigen Wollknäueln gleichzeitig gespielt werden.
Im Anschluß kann das Wollfadenkreuz durch den Raum getragen werden. Die Fäden sollen dabei möglichst gespannt bleiben. Es können dabei Hindernisse (Tische, Sessel) überwunden werden. Das Spiel wurde somit zu einem Kooperationsspiel. Es ist spätestens dann zu Ende, wenn ein Mitspieler einen Faden verliert.

**WEITERSPIELEN**

*F 7.4.5*
*Namensfelder*
*F 7.4.3*
*Mein Platz in der Gruppe und alle Weiterspielvorschläge von Spiel 7.4.3*

## 7.4.5 *Namensfelder*

### ZIEL

Verbindungen und Beziehungen in der Gruppe sichtbar machen

### SPIELABLAUF

Jeder Mitspieler schreibt seinen Namen eingerahmt auf ein großes Zeichenblatt und legt dieses auf einem Tisch auf. Nun gehen alle Mitspieler von Zeichenblatt zu Zeichenblatt und schreiben ihre Namen dazu. Sie achten dabei darauf, daß die Nähe des eigenen Namens zum eingerahmten Namen die Beziehung zu dieser Person, aber auch zu den Besitzern der Namen darstellt, die ebenfalls schon ihre Namen auf das Blatt geschrieben haben.
Zum Schluß können einzelne Mitspieler vor der Gruppe von ihrem Eindruck berichten, den sie von ihrem Namensfeld haben.

**WEITERSPIELEN**

*F 7.4.6*
*Steinfeld*

*F 7.4.4*
*Wollfadennetz*
*und alle Weiterspielvorschläge von Spiel F 7.4.3*

### HINWEIS

Der Nachteil bei diesem Spiel ist, daß die Position des Namens im Nachhinein nicht mehr verändert werden kann. Ein Abrücken von Namen, die später dazugeschrieben wurden, ist nicht mehr möglich.
Weitere Hinweise und Reflexion: Siehe Spiel 7.4.3 „Mein Platz in der Gruppe"!

## 7.4.6 *Steinfeld*

### ZIEL

Nähe und Distanz innerhalb der Gruppe sichtbar machen

### SPIELABLAUF

Jeder Mitspieler sucht sich einen Stein, der ihm gut gefällt. In der Mitte des Sesselkreises liegt ein einfärbiges, quadratisches Tuch von etwa 2 Metern Seitenlänge. Einzeln legen nun die Mitspieler ihren Stein auf das Tuch. Wenn alle Steine liegen, können in einer zweiten und dritten „Legerunde" die Positionen der Steine verändert werden. Es werden sich Steingruppen bilden, um manche Steine werden sich viele andere Steine scharen, manche Steine bleiben lieber alleine, manche liegen gerne am Rand einer Steingruppe, manche liegen gerne am Rand des Tuches, andere wieder in der Tuchmitte.
Hinweis und Reflexion: Siehe Spiel 7.4.3 „Mein Platz in der Gruppe"!

**WEITERSPIELEN**

*F 7.4.7*
*Namenszettelfeld*

*F 7.4.5*
*Namensfelder*
*und alle Weiterspielvorschläge von Spiel F 7.4.3*

## 7.4.7 *Namenszettelfeld*

**WEITERSPIELEN**

*F 7.4.6*
*Steinfeld*

*E 6.1.2*
*Namenkreuzworträtsel*

*E 6.1.3*
*Namensschriften sammeln*

*E 6.1.4*
*Autogramme sammeln und alle Weiterspielvorschläge von Spiel F 7.4.3*

### ZIEL

Beziehungswünsche veranschaulichen

### SPIELABLAUF

Jeder Mitspieler schreibt auf ebenso viele kleine Zettel seinen Namen, wie es Gruppenmitglieder gibt und legt diese Zettel auf seinen Sessel. Nun holt sich jeder von den anderen Sesseln je einen Zettel, sodaß jeder von jedem Gruppenmitglied einen Zettel hat. Nun klebt er auf ein großes Zeichenblatt in die Mitte seinen eigenen Namen und gruppiert die anderen Namen so um sich, wie es ihm gefällt.
Zum Schluß findet eine Besichtigungsrunde statt, bei der die Mitspieler schauen, wo sie ihren Platz auf den Plakaten der anderen Mitspieler haben.

### HINWEIS

Dieses Spiel ist erst bei näherer Bekanntschaft in der Gruppe sinnvoll.
Weitere Hinweise und Reflexion: Siehe Spiel 7.4.3 „Mein Platz in der Gruppe"!

# 7.5 Aggressionsspiele

## 7.5.1 *Tu was Liebes*

WEITERSPIELEN

F 7.5.2 *Wahlkampf*
F 5.3.7 *Eigenschaften verteilen*
F 6.1.5 *Begrüßung – Verabschiedung*
F 6.1.13 *Das Geschenkespiel*
F 6.2 *Dich wahrnehmen*
F 7.1.1 *Rufen, fragen, erzählen*
F 7.1.2 *Fragekette*
F 7.4.2 *Geburtstagsparty*
E 5.1 *Was mag ich*
E 5.3.11 *Klangeigenschaften sammeln*
E 6.1.7 *Mein rechter Platz ist leer – anders*
E 6.3 *Mit dir zusammenarbeiten*
E 7.1 *Aufwärmspiele für die Gruppe*
E 7.2 *Kooperationsspiele*

### ZIELE

Aggressionsverzicht
Einfühlsames Verhalten üben
Schenken und Geschenke annehmen

### SPIELABLAUF

Jeder Mitspieler schreibt drei Zettel, auf denen je ein Auftrag steht. Die Aufträge beinhalten Aufforderungen für einen Mitspieler etwas Nettes zu tun.
Alle Zettel werden nun gemischt und (mit der Rückseite nach oben) in eine große Schachtel gelegt. Jeder Mitspieler zieht einen Zettel, erfüllt den Auftrag und legt den Zettel wieder zurück in die Schachtel, um einen neuen Zettel zu ziehen.

### BEISPIELE

„Suche für Irene eine kleine Blume!"
„Mache einem beliebigen Mitschüler ein nettes Kompliment!"
„Versprich dem Jakob etwas Nettes!"
„Nimm einen Mitspieler Huckepack und trage ihn an den gemütlichsten Platz des Raumes!"

### VARIANTEN

- Die Zettel werden in Gruppenarbeit hergestellt und dann der Großgruppe zur Verfügung gestellt. Das Arbeiten in der Gruppe gewährleistet, daß es sich um tatsächlich durchführbare Aufträge handeln wird, die keinerlei „Schikanen" beinhalten.
- Jeder Mitspieler sagt zuerst im Sesselkreis, was er sich als liebe Tat gerne wünschen würde. Dann erst werden die Zettel verfaßt.

### REFLEXION

Gab es einen Auftrag, der schwierig oder unangenehm zu erfüllen war? Hat ein Mitspieler bei der Erfüllung des Auftrages nicht mitgetan? Welche Art von Aufträgen wurde besonders gerne durchgeführt? Welche „Liebesdienste" wurden besonders gerne angenommen?

### HINWEIS

Die Zettel können aufgehoben und im Laufe der Zeit von der Gruppe immer wieder in kurzen Spielphasen verwendet werden. Bei diesem Spiel sollen sich die Mitspieler bereits etwas näher kennen.

*E 7.4.2*
*Das Trösterspiel*
*E 7.4.6*
*Der Notfallkoffer*
*E 7.4.12*
*Transporthilfe*
*E 7.4.14*
*Das Schulbeginnspiel*

## ROLLENSPIEL

- „Darf ich Ihnen behilflich sein?“ fragt ein Unbekannter
- Jemand macht dir ein Geschenk, das dir keine Freude bereitet.
- Jemand macht dir ein Kompliment, das du als Schmeichelei empfindest.
- Du möchtest deiner Oma etwas Nettes schenken, du bist dir aber unsicher, womit sie Freude hat.
- Du hast für deinen Lehrer ein nettes Geschenk, aber weil du unsicher bist, ob er es auch wirklich schätzen wird, zögerst du, es ihm zu geben.

# 7.5.2 Wahlkampf

## ZIELE

Verbale Auseinandersetzung
Faires Gesprächsverhalten
Aggressionsverzicht üben
Umgang mit Konkurrenz

## SPIELABLAUF

Zwei Wahlwerber bewerben sich um den Posten des Bürgermeisters. Sie bereiten sich auf die Wahlrede vor. In der Wahlrede preisen sie die Vorzüge des Gegners in den höchsten Tönen. Wem dies am besten gelingt, der wird zum Bürgermeister gewählt.

## VARIANTEN

- In einer Plenumsdiskussion zum Thema „Umweltschutz“ oder „Ausländer“ sorgt jeder der beiden Kandidaten dafür, daß der „Gegner“ bei den Zuhörern einen guten Eindruck macht.
- Ein Kandidat hat den Auftrag, möglichst aggressiv zu sein. Er verteufelt den anderen Kandidaten, beschuldigt ihn der Korruption, Bestechlichkeit, Inkompetenz, während der andere beschwichtigt, freundlich ist, den Gegner lobt, usw.

## HINWEIS

Wenn die beiden Kandidaten einander nicht gut kennen, soll die Variante „Plenumsdiskussion“ gewählt werden.

## REFLEXION

Welchen Eindruck hinterließen die Kandidaten wirklich bei den Wählern?
In welcher Rolle würden die einzelnen Zuhörer selber lieber sein?
Wer würde die Rolle eines Politikers, wegen der häufigen konfliktgeladenen Situationen, überhaupt ablehnen?
Welches Gefühl ist es, über den grünen Klee gelobt zu werden?
Wie kann man sich gegen verbale Angriffe zur Wehr setzen?
Was bewirken die Zuhörer?

## ROLLENSPIEL

- In Anwesenheit des Schülers lobt der Vater sein Kind gegenüber dem Lehrer über alle Maßen. Dieser findet das Lob etwas übertrieben.
- Der Lehrer beklagt sich gegenüber den Eltern über das Kind. Die Eltern verteidigen ihr Kind.
- Das Kind beklagt sich zu Hause über den Lehrer. Es läßt kein gutes Haar an ihm. Die Eltern versuchen, die Lehrer-Kind-Beziehung ins rechte Licht zu rücken.
- Mehrere Redner setzen sich entweder für ihre Wahl oder für die Wahl ihres Wunschkandidaten ein.

WEITERSPIELEN

*F 7.5.3* *Auf Wählerfang*
*F 7.5.1* *Tu was Liebes*
*F 7.5.7* *Imponiergehabe der Streithähne*
*F 8.2* *Planspiel*
*F 8.3* *Soziales Rollenspiel*
*E 5.3* *Wie bin ich*
*E 6.1* *Dich kennenlernen*
*E 7.3.3* *Viele Fragen an den Neuen*
*E 7.5* *Aggressionsspiele*

# 7.5.3 Auf Wählerfang

## ZIELE

Politische Bildung
Gruppenbildung
Überzeugen, manipulieren
Fremdeinschätzung üben

## WEITERSPIELEN


*F 7.5.4* Bedrohungskreis
*F 7.5.2* Wahlkampf
*F 8.2* Planspiel
*F 8.3.4* Befragung
*F 5.2* Was denke ich
*F 5.3.1* Zeitungsanzeige
*F 6.1.7* Partner-Interview
*F 6.1.9* Wahrheit oder Lüge
*F 6.1.10* Gerüchte über Personen
*F 6.2* Dich wahrnehmen
*F 7.4* Beziehungsspiele
*E 5.2* Was kann ich
*E 6.2.1* Dich wahrnehmen
*E 7.2.7* Seilmannschaften
*E 7.5* Aggressionsspiele


## SPIELABLAUF

Die Mitspieler machen ein Brainstorming zum Thema „Wahlversprechen“. Sie nennen Wahlversprechen, die von einem Schriftführer stichwortartig an der Tafel festgehalten werden.
Nun schreibt jeder Mitspieler die drei Wahlversprechen, die ihn als Wähler am meisten ansprechen würden, auf einen Zettel. Sie stellen von jedem dieser drei Versprechen auch eine kurze Wahlrede (ca. 3 Sätze pro Wahlversprechen) zusammen. Nun spielen zwei Freiwillige die Politiker, die nun einzelnen Mitspielern ihre Wahlreden vorlesen. Sobald der „Politiker“ einem Mitspieler eine Wahlrede vorgelesen hat, die auch einem Punkt des Wahlprogramms des anderen Mitspielers entspricht, geht dieser Mitspieler in die „Wahlecke“ dieses Politikers. Die Mitspieler, die noch nicht von einem Politiker „gefangen“ wurden, suchen ebenfalls Gleichgesinnte, die einen Programmpunkt mit ihnen gemeinsam haben. Trifft der Politiker auf eine Dreiergruppe und hat auch er den gemeinsamen Punkt in seiner Wahlrede stehen, so gehört diese Gruppe zu ihm. Einige Mitspieler werden übrigbleiben.
Sie sind das unberechenbare Wählerpotential. Sie werden nicht zur Wahl gehen, ungültig wählen, die Politikerpersönlichkeit wählen oder sich erst knapp vor der Wahl entscheiden. Mit diesen Wählern wird eine Diskussion veranstaltet, an der sich beide Politiker beteiligen. Dann erst findet eine Entscheidung statt. Welcher Politiker hat die Wahl gewonnen?

## VARIANTE

In Gruppen, in denen bereits hoher Bekanntschaftsgrad herrscht, kann nach dem Verfassen der Wahlreden jeder Mitspieler für sich eine Namensliste erstellen, die die Namen der Mitspieler enthält, von denen er vermutet, daß sie der gleichen „politischen Richtung“ angehören. Welcher Mitspieler erreichte am Ende des Spiels die größte Übereinstimmung?

## ROLLENSPIEL

- Bürgermeisterwahl
- Klassensprecherwahl

## 7.5.4 *Bedrohungskreis*

### ZIELE

Aggression spüren
Aggressionsabbau und Aggressionsverzicht
Mit Angst umgehen
Kooperation
Mit Massenphänomenen umgehen

### SPIELABLAUF

Bei diesem Spiel ist es notwendig, daß der Spielleiter, bevor sich ein Freiwilliger in die Mitte des Kreises stellt, die Spielregel erklärt:
Ein Mitspieler steht in der Mitte des Kreises. Die anderen bewegen sich langsam und bedrohlich auf ihn zu, bis sie ganz eng bei ihm stehen.

### WEITERSPIELEN

*F 7.5.5* *Gedränge*
*F 7.5.3* *Auf Wählerfang*
*F 5.1* *Was fühle ich*
*F 6.1.10* *Gerüchte über Personen*
*F 7.1.5* *Durch das Dickicht*
*F 7.3.5* *Blindenbillard*
*F 7.4.3* *Mein Platz in der Gruppe*
*E 6.2.6* *Du berührst mich*
*E 7.2* *Kooperationsspiele*
*E 7.4.5* *Das Hilfeschreispiel*
*E 7.4.11* *Das Schmerzschreispiel*
*E 7.5* *Aggressionsspiele*

### VARIANTEN

- Die Bedrohung wird noch durch bedrohliche Gestik verstärkt. Der Bedrohte hockt am Boden.
- Die Bedroher wiederholen beim Hingehen immer dieselben Schimpfworte, je näher sie kommen, umso lauter werden sie. Beispiel: „Du Gauner, Gauner, Gauner . . . !"
- Die Bedroher drücken ihre Hände auf den Körper des Bedrohten.

### HINWEIS

Ängstliche oder aggressive Spieler sollen vorerst nicht die Bedrohten spielen.

### REFLEXION

Hattest du das Gefühl, als ob du dich am liebsten in ein Schneckenhaus verkriechen wolltest, hattest du das Bedürfnis auszubrechen oder grob zu werden? Welche Variante war für dich am bedrohlichsten? Hattest du die Augen offen oder geschlossen?
War das Gefühl mit offenen Augen weniger unangenehm?
Gibt es Menschen, durch deren Nähe du dich bedroht fühlst?
Gibt es Menschengruppen, durch die du dich bedroht fühlst?

### ROLLENSPIEL

- Du kommst mit einer schlechten Note nach Hause. Die ganze Familie fällt über dich her.
- Bei einer Rauferei wurde ein Mitschüler verletzt.
  Du warst dabei. Der Direktor und die Lehrerin äußern schlimme Beschuldigungen.
- Die Polizei hat dich festgenommen. Du wirst verhört.
  Du wirst verdächtigt, der berühmt-berüchtigte, langgesuchte Bankräuber zu sein.
- Du bist Ausländer. In einem Gasthaus, in dem sich lauter Einheimische befinden, entsteht Getuschel. Alle schauen zu dir her. Einige erheben sich.

## 7.5.5 Gedränge

### ZIEL

Ängste vor Aggressionen verstehen

### SPIELABLAUF

Ein freiwilliger Mitspieler versucht durch eine Menschenmenge zu gelangen. Er probiert durch die umherstehenden Mitspieler zur anderen Seite des Raumes zu gehen. Dies gelingt ihm nur sehr schwer, da die Menge immer dichter wird und er beim Gehen ständig eingekreist wird. Die anderen Mitspieler legen nicht Hand an ihn, trotzdem muß er stark schieben und stoßen, um durchzugelangen. Es darf bei diesem Spiel nur gegangen, nicht gelaufen werden.

### VARIANTE

Zwei Mitspieler gehen eng nebeneinander. Sie wollen auf die andere Seite des Raumes gelangen. Sie werden von der Menschenmenge auseinandergedrängt.

### HINWEIS

Um das Spiel nicht zu aggressiv werden zu lassen, ist Laufen verboten. Wenn möglich, haben alle Spieler die Hände im Hosensack.

### REFLEXION

Welche Gefühle hattest du als Bedrängter?
War es Angst, Ärger oder Angriffslust?
Dachtest du daran, dein Ziel aufzugeben?
Welche Alltagssituationen sind ähnlich?
Wie konntest du dir weiterhelfen?

### ROLLENSPIEL

- Gedränge in der Straßenbahn
- Gedränge in der Schule
- Ich will bei dichtem Verkehr über die Straße

WEITERSPIELEN

F 7.5.6
*Kriegstanz*

F 7.5.4
*Bedrohungskreis und alle Weiterspielvorschläge von Spiel F 7.5.4*

## 7.5.6 *Kriegstanz*

### ZIELE

Aggressionsabbau
Aggression ertragen
Formen der Aggression kennenlernen

### SPIELABLAUF

Jede Kleingruppe von sechs bis acht Spielern probt Kriegstänze ein:

- ○ Einen Tanz zum Mitmachen vor dem Kampf
- ○ Einen Tanz zum Feiern des Sieges
- ○ Einen Tanz zum Demütigen von Gefangenen

Als Musik kann eine rhythmische Musikaufnahme oder eigenes Trommeln dienen. Während eine Gruppe ihren Tanz vorführt, schauen die anderen Gruppen zu. Diese versuchen herauszufinden, um welche Form der Aggressivität (um welche Art des Tanzes) es geht.

### VARIANTE

Die Tanzenden bewegen sich um die anderen Mitspieler, die in der Mitte des Raumes am Boden sitzen.

### REFLEXION

Welche Stimmung erzeugte bei dir das Tanzen?
Wie ist das Tanzen ohne Musik?
Was bewirkt das Tanzen in der Gruppe?

### ROLLENSPIEL

- Am Marterpfahl
- Als den Eingeborenen der Kriegsgott/der Friedensgott/der Friedensgeist/der Siegesgeist erschien.

WEITERSPIELEN
*F 7.5.7*
*Imponiergehabe der Streithähne*
*F 7.5.5*
*Gedränge*
*F 5.1*
*Was fühle ich*
*F 8.1*
*Spiel mit Skulpturen*
*E 7.5*
*Aggressionsspiele*

# 7.5.7 Imponiergehabe der Streithähne

WEITERSPIELEN
F 7.5.8 Spießrutenlauf
F 7.5.6 Kriegstanz
F 8.1 Spiel mit Skulpturen
F 8.3 Soziales Rollenspiel
F 5.1.4 Der Körper zeigt Stimmung
F 6.1.2 Name und Bewegung
F 6.2.2 Du beobachtest mich beim Spiel
F 7.2.3 Wir sehen gleich aus
E 6.2.2 Du formst mich
E 6.2.3 Du spiegelst mich
E 7.1.4 Begrüßung am Morgen
E 7.4.4 Prüfungsangst
E 7.5 Aggressionsspiele
E 8.1 Statuenspiel
E 8.3 Pantomimisches Spiel

## ZIELE

Aggressionsverhalten durchschauen
Optische Wahrnehmung schulen

## SPIELABLAUF

Zwei Urmenschen begegnen einander feindselig. Es gibt zwischen den beiden Menschen, die unterschiedlichen Stämmen angehören, keine gemeinsame menschliche Sprache. Beide haben das Gefühl, sich vor dem anderen verteidigen zu müssen. Sie versuchen den anderen durch Laute, Mimik und Gestik zum Rückzug zu bewegen. Ihr Verhalten ist näher durch das Aggressionskärtchen, das sie aus einem Stapel gezogen haben und dessen Inhalt nur sie selber kennen, festgelegt.
Nach einigen Minuten ziehen sich beide auf ein Zeichen (ein Bär erscheint) zurück. Beide versuchen den Inhalt des Kärtchens des Gegners zu erraten. Auch die Zuschauer beraten über den Inhalt der Kärtchen.

## REFLEXION

Wodurch kann ich imponieren oder abschrecken?
Ist Imponiergehabe mit einem tatsächlichen Angriff identisch?
Von welchen Menschen hast du dich im Alltag bereits einschüchtern lassen?
Welche „modernen" Mittel gibt es heute, außer Mimik, Gestik und Sprache, zu imponieren?
Nenne Imponiergehabe aus dem Tierreich!

## ROLLENSPIEL

Zwei rauflustige Burschen geraten aneinander.
Fast wäre es zu einer Rauferei gekommen, wäre nicht zu guter Letzt der Lehrer erschienen.

Kopiervorlage für Spiel 7.5.7, „Imponiergehabe der Streithähne“

| | | | |
|---|---|---|---|
| Komm mir ja<br>nicht zu nahe! | Ich bin groß<br>und schön. | Bring mich ja<br>nicht in Wut! | Schau nur, welche<br>Waffen ich habe! |
| Ich bin der<br>Stärkste! | Ich kann unheimlich<br>gefährlich sein. | Du läßt mich<br>ganz kalt. | Meine Freunde und<br>Helfer sind ganz<br>in der Nähe. |
| Verschwinde, sonst<br>geht es dir schlecht! | Ich habe schon<br>viele Gegner erledigt. | Gleich werde ich<br>auf dich losgehen. | Du tust mir leid,<br>denn du bist mir<br>haushoch unterlegen. |
| Das ist mein<br>Revier! | Noch ein Wort,<br>und du bist<br>erledigt! | Ich finde dich<br>armselig und<br>lächerlich. | Ich tu nur so,<br>als ob ich mich<br>vor dir fürchten<br>würde. |

## 7.5.8 *Spießrutenlauf*

### ZIELE

Aggression aushalten
Provokation ertragen
Die Situation des Außenseiters verstehen
Alleinsein in der Masse verstehen

### SPIELABLAUF

Die Mitspieler bilden ein Spalier, das trichterförmig zusammenläuft. Jeder muß durch das Spalier durchgehen.
Die Mitspieler, die im Spalier stehen, sollen bei den durchgehenden Mitspielern verschiedene Gefühle hervorrufen (durch Mimik, Gestik, Zurufe): Erheiterung, Ärger, Angst, Freude.

### VARIANTEN

- Blind durch das Spalier gehen
- Lachend, schreiend, singend durch das Spalier gehen
- Zu zweit durchgehen
- Durchlaufen, durchhüpfen, durchtanzen
- Die Mitspieler auslachen, anschreien, Drohgebärden machen
- Mit den Mitspielern beruhigend sprechen
- Ein Selbstgespräch führen

### REFLEXION

Bei welcher Variante warst du am wenigsten von den Mitspielern beeindruckt?
Warst du schon einmal in einer Situation, wo du das Gefühl hattest, als Außenseiter unangenehm behandelt worden zu sein?
Hast du einen „Trick" für solche Situationen?

### ROLLENSPIEL

Der neue Schüler betritt die Schule. Alle tuscheln, wollen wissen, wer er ist, mustern ihn, testen ihn.

WEITERSPIELEN
F 7.5.9 *Warenhausdetektiv*
F 7.5.7 *Imponiergehabe der Streithähne*
F 5.1 *Was fühle ich*
E 6.2 *Kooperationsspiele*
E 7.4 *Helferspiele*
E 7.5 *Aggressionsspiele*

## 7.5.9 *Warenhausdetektiv*

### ZIELE

Mutprobe
Mit Mißtrauen umgehen
Optische Wahrnehmung schulen

### SPIELABLAUF

Gut sichtbar verteilt liegen im Raum über hundert bunte Bausteine (oder Mengenlehreelemente). Ein Mitspieler wird, während alle die Augen geschlossen haben, durch Schulterklopfen vom Spielleiter unauffällig zum Detektiv ernannt. Nun gehen alle Mitspieler umher und stehlen Bauklötze. Der Detektiv ertappt Diebe, indem er dem Dieb entweder sagen kann, wie das Diebsgut aussieht, wo es hingesteckt wurde, oder in welcher Hand es der Dieb verborgen hält. Ertappte Diebe scheiden aus. Hat ein Mitspieler drei Gegenstände unentdeckt gesammelt, ruft er „Stopp!". Er legt die drei Gegenstände wieder im Geschäft auf. Ein neuer Detektiv wird vom Spielleiter bestimmt. Das Spiel geht dann wieder weiter. Zum Schluß wird festgestellt, wer der erfolgreichste Dieb war.

### REFLEXION

Hattest du Spaß am Stehlen?
War es „stressig", Detektiv oder Dieb zu spielen?
Konnte jemand erraten, wer der Detektiv ist?
Wodurch hat er sich verraten?
Hattest du Angst, ertappt zu werden?
Was passiert mit Warenhausdieben im Alltag?
Was könnten die Gründe dafür sein, daß Kunden stehlen?
Welchen Einfluß kann man auf Bekannte nehmen, von denen man weiß, daß sie Warendiebe sind?

### HINWEIS

Bei diesem Spiel ist die Reflexion von besonderer Bedeutung. Vor allem Jugendliche werden gehäuft als Warenhausdiebe ertappt. Viele von ihnen sind dann meist von den unangenehmen Konsequenzen überrascht. Das Rollenspiel soll die Problematik verdeutlichen.

WEITERSPIELEN

*F 7.5.10*
*Agentenspiel*

*F 7.5.8*
*Spießrutenlauf*

*F 5.1*
*Was fühle ich*

*F 6.2.2*
*Du beobachtest mich beim Spiel*

*E 5.3*
*Was nehme ich wahr*

*E 7.5*
*Aggressionsspiele*

## ROLLENSPIEL

- Beim Diebstahl im Warenhaus ertappt!
- „Mein Sohn, unsere Nachbarin hat mir erzählt, daß sie dich im Warenhaus beim Diebstahl beobachtet hat!“
- Mutter: „Woher hast du dieses Computerspiel? Du wirst es doch nicht geklaut haben?“
- Stefan prahlt vor seinen Freunden: „Jedesmal wenn ich im Supermarkt bin, lasse ich etwas mitgehen!“
- Martina sagt zu ihrer Freundin: „Wenn du nicht feig bist, nimmst du auch etwas aus der Kosmetikabteilung!“
- „Wenn du mir nicht zwanzig Schilling leihst, verrate ich dem Lehrer, daß du gestern im Warenhaus etwas mitgehen hast lassen.“

## 7.5.10 Agentenspiel

### ZIELE

Mit Mißtrauen umgehen
Angst vor Entdeckung spüren
Sich solidarisieren

### SPIELABLAUF

Bei diesem Spiel gibt es einen Spion, ein Viertel der Spieler sind Informanten, der Rest der Spieler spielt die Agenten, die den Spion finden und festnehmen müssen. Bevor die Rollen festgelegt werden, müssen alle Mitspieler die Augen schließen. Der Spielleiter gibt einem Mitspieler unauffällig einen Zettel in die Hand, auf dem das Wort „Spion“ steht. Jeder Informant bekommt einen Zettel mit einer kurzen Beschreibung des Spions.

### BEISPIEL

Blaue Augen, weiße Turnschuhe, blonde Haare, Hose, ist sehr groß gewachsen.

Jeder Mitspieler, der einen Zettel erhalten hat, liest ihn aufmerksam durch, versteckt ihn dann in seinem Hosensack und schließt wieder die Augen. Nun ruft der Spielleiter: „Augen auf, sucht den Spion!“ Alle Mitspieler erheben sich, gehen zu den anderen Mitspielern und dürfen jedem Mitspieler nur eine Frage stellen, zum Beispiel: „Welche Farbe hat sein Hemd?“ Meist werden sie die Antwort erhalten: „Das weiß ich nicht“, denn die meisten anderen Agenten wissen es ja auch nicht. Auch die Informanten dürfen nur die Informationen weitergeben, die auf ihrem Zettel stehen. Jeder Informant darf einem Agenten nur eine Frage beantworten. Die Agenten dürfen einander jedoch auf eine Frage, die sie gestellt bekommen, und die sie beantworten können, eine richtige Antwort geben. Der Spion verrät sich nicht, indem er auf alle Fragen „Das weiß ich nicht“ antwortet. Wer glaubt, den Spion ermittelt zu haben, sucht sich unauffällig einen zweiten Agenten. Sie treten an den Spion heran und ergreifen ihn mit den Worten „Sie sind festgenommen!“ Haben sie sich geirrt, scheiden sie aus – sie sind aus dem Agentendienst entlassen.

### REFLEXION

Bei diesem Spiel ist man auf die Mitarbeit der anderen angewiesen, obwohl man gegenüber den anderen mißtrauisch ist. Ist es eine Erleichterung, mit der Zeit Verbündete zu finden? War es für den Spion spannend? Was mag der Unterschied zur Stimmung eines Spions in der Realität sein? Welche Rolle würde dir am ehesten liegen?

### ROLLENSPIEL

Welcher Mitschüler hat unseren Plan dem Lehrer verraten?

**WEITERSPIELEN**

**F 7.5.11**
*Verfolgungsjagd*

**F 7.5.9**
*Warenhausdetektiv und alle Weiterspielvorschläge von Spiel F 7.5.9*

# 7.5.11 Verfolgungsjagd

## ZIELE

Mit Angst und Aggression umgehen
Rücksicht, Aggressionsverzicht üben

## SPIELABLAUF

Die Mitspieler gehen im Raum umher. Jeder fixiert dabei mit seinem Blick einen Mitspieler. Dieser weiß nun, von wem er verfolgt wird. Auf ein Zeichen des Spielleiters beginnen die Mitspieler zu laufen und versuchen ihre Opfer zu fangen. Wer gefangen wurde, ist versteinert. Viele Mitspieler werden gefangen, bevor sie ihr eigenes Opfer erwischen konnten.

## VARIANTE

Es gibt zwei Gruppen. Die Gruppe A beginnt als Fängergruppe. Die Mitspieler der Gruppe A fixieren je einen Mitspieler der Gruppe B beim Umhergehen. Die Mitspieler der Gruppe B behalten ihre Fänger im Auge, um auf das Zeichen des Spielleiters rechtzeitig die Flucht ergreifen zu können. Wer gefangen wurde, geht dann weiter, denn auf ein weiteres Zeichen des Spielleiters werden nun die Mitspieler der Gruppe B zu Fängern.

## HINWEIS

Die Mitspieler sind auf die Gefahr von Zusammenstößen bei blindwütigem Umherlaufen aufmerksam zu machen. Eine weniger gefährliche Variante wäre, das Spiel auf allen Vieren (Tiere verfolgen einander) zu spielen.

## REFLEXION

Hast du dich schon einmal durch auffällige Blicke eines anderen Menschen bedroht gefühlt?
Hattest du schon einmal ein Gefühl „zum Davonlaufen“?

**WEITERSPIELEN**

*F 7.5.10*
*Agentenspiel und alle Weiterspielvorschläge von Spiel 7.5.9*

# 8 SPIELMETHODEN

## 8.1 Spiel mit Skulpturen

### 8.1.1 *Versteinerte Paare*

**ZIELE**

Soziale Wahrnehmung schulen
Körperhaltung und Gefühle in Beziehung bringen
Körperhaltung und zwischenmenschliche Beziehungen vergleichen
Eigene Gefühle wahrnehmen
Optische Wahrnehmung schulen

**SPIELABLAUF**

Die Gruppe bildet drei Kleingruppen. Eine Kleingruppe stellt die Beobachter. Die anderen beiden Gruppen bewegen sich zu lebhafter Musik im Raum. Bei Musikstopp versteinern sie. Die Beobachter erkennen Mitspieler, die einander gegenüber oder nebeneinander stehen und Paare bilden, die miteinander Verbindung haben.

**BEISPIELE**

Die beiden sehen aus, als ob sie miteinander ein Gespräch führen würden.
Die beiden sehen aus, als ob sie nach einem Streit auseinander gehen würden.

**VARIANTEN**

- Versteinerte Gruppen
- Eine Gruppe ist die freudig tanzende, die andere Gruppe ist die traurig tanzende Gruppe.
  Beim Versteinern ergeben sich wieder andere interessante Paarkombinationen.
  Andere Möglichkeit: Aggressive und ängstliche Gruppe.
  Oder: kontaktfreudige und abweisende Gruppe.

**REFLEXION**

In welcher Rolle hast du dich am wohlsten gefühlt?
Wodurch gelang es den Beobachtern, Paare zu sehen?
Hast du dich in der Bewegung nach anderen gerichtet?

**ROLLENSPIEL**

Die Paare beginnen ein Gespräch, das den Hinweisen der Beobachter entspricht.

**WEITERSPIELEN**

*F 8.1.2* *Einzelne Skulpturen verwandeln sich*
*F 5.1.4* *Der Körper zeigt Stimmung*
*F 7.2.3* *Wir sehen gleich aus*
*E 6.2.2* *Du formst mich*
*E 6.3* *Mit dir zusammenarbeiten*
*E 7.4.10* *Versteinert – erlöst*
*E 7.5.8* *Die Friedenssprache*
*E 8.1* *Statuenspiel*
*E 8.2.1* *Märchenfigurenpaare*
*E 8.3* *Pantomimisches Spiel*

## 8.1.2 Einzelne Skulpturen verwandeln sich

### ZIELE

Soziale und emotionale Wahrnehmung schärfen
Emotionale Sensibilisierung
Optische Wahrnehmung schulen

### SPIELABLAUF

Die Gruppe bildet drei Kleingruppen. Eine Gruppe ist die Beobachtergruppe. Die anderen beiden bewegen sich zu lebhafter Musik. Bei Musikstopp versteinern sie. Nun werden sie vom Spielleiter in einheitliche Skulpturen verwandelt. Dies geschieht mittels der „Zerhackermethode“: Der Spielleiter sagt, was die Skulptur darstellen soll und die Mitspieler bewegen sich ruckartig so lange, mit eckigen, zerhackten Bewegungen zu der ihnen gestellten Aufgabe. Der Spielleiter unterstützt die abgehackten Bewegungen durch Klatschen und durch Sprechen.

### BEISPIELE

Alle verformen sich zu Angstskulpturen! Angst! Angst! Angst! Angst! Angst! . . .“ Schließlich stehen alle so da, daß ihre Körperhaltung Angst ausdrückt oder symbolisiert.
„Alle verformen sich zu Kampf-, Liebes-, Freude-, Sehnsuchts-, Trauerskulpturen.“

### REFLEXION

Die Beobachtergruppe reflektiert.
Wodurch werden Begriffe besonders stark verdeutlicht? Welche Skulpturen drücken bestimmte Begriffe besonders stark aus?

### VARIANTEN

- Einige Besucher befinden sich, während die Spielergruppe in Bewegung ist, außerhalb des Raumes. Sie versuchen anhand der versteinerten Skulpturen den Begriff zu erraten, der vom Spielleiter vorgegeben wurde.
- Der Spielleiter gibt sofort wieder einen neuen Auftrag, der bewirkt, daß die Mitspieler sich ins Gegenteil der vorherigen Skulptur verwandeln. Für manche Mitspieler wird diese Umstellung emotional schwierig zu bewältigen sein.

### HINWEIS

Vorerst werden die Spieler versuchen, durch Überlegungen zur vorgegebenen Körperhaltung zu kommen. Der Geist beeinflußt also den Körper. Sobald wir aber eine bestimmte Körperhaltung erreicht haben, beeinflußt diese auch den Geist. Wir können dann auch wirklich das fühlen, was unsere Körperhaltung ausdrückt, z. B. Freude oder Trauer.

WEITERSPIELEN

*F 8.1.3*
*Skulpturengruppen*

*F 8.1.1*
*Versteinerte Paare und alle Weiterspielvorschläge von Spiel F 8.1.1*

## 8.1.3 *Skulpturgruppen*

### ZIELE

Soziale und emotionale Wahrnehmung schärfen
Emotionale Sensibilisierung
Kooperation

### SPIELABLAUF

Es bilden sich Skulpturen wie bei Spiel 8.1.2 „Einzelne Skulpturen verwandeln sich“. Die versteinerten Einzelpersonen bewegen sich jedoch nach dem Auftrag des Spielleiters in der Zerhackermethode aufeinander zu, um in Kleingruppen von drei bis sechs Spielern den vom Spielleiter angegebenen Begriff gemeinsam darzustellen.
Eine Beobachtergruppe hilft wieder bei der Reflexion.

### REFLEXION

War es einfacher alleine oder in der Gruppe die gewünschten Begriffe darzustellen? Welche Darstellungen (alleine oder in der Gruppe) wirkten intensiver auf die Beobachter?

### WEITERSPIELEN

*F 8.1.4*
*Familienskulpturen*

*F 8.1.2*
*Einzelne Skulpturen verwandeln sich und alle Weiterspielvorschläge von Spiel F 8.1.1*

### VARIANTEN

- Die Gruppen versuchen sich ihre gemeinsame Skulptur zu merken, lösen sich auf und nehmen an der Reflexion über die anderen Gruppen teil. Wenn sie an der Reihe sind, versuchen sie wieder, die Stellung einzunehmen, die sie sich eingeprägt haben.
- Traumbilder: Einzelne Beobachter legen sich auf den Boden. Die Skulpturen bilden sich um sie herum.

## 8.1.4 Familienskulpturen

### ZIELE

Soziale Rollen erkennen
In verschiedenen sozialen Rollen handeln
Familienstrukturen erkennen

### SPIELABLAUF

Es bilden sich Gruppen von drei bis sechs Mitspielern, die zuerst den Begriff „Gemeinschaft" und dann den Begriff „Familie" darstellen. Der Unterschied bei der Darstellung der beiden Begriffe wird die fehlende konkrete „Rollenverteilung" beim Begriff „Gemeinschaft" sein, während bei der Skulptur „Familie" Rollen wie „Vater", „Mutter", „Kind" bereits ersichtlich sein können. Lautet der Auftrag des Spielleiters „Familienfoto", so werden die Rollen eindeutig sein, auch wenn die Familie sich nonverbal zur Skulptur geformt hat. Nun wird jede Familie einzeln von den anderen Gruppen, die sich vorerst wieder auflösen, um später noch einmal ihre Skulptur aufzustellen, analysiert. Mutmaßungen werden angestellt, welcher Mitspieler welche Rolle in der Familie innehaben könnte, aus welchen Personen die Familie besteht. Es werden auch Aussagen über Familienverhältnisse und Beziehungen innerhalb der Familie geäußert.

### WEITERSPIELEN

*F 8.1.5* Skulpturen als Gefühlsbarometer
*F 8.1.3* Skulpturgruppen
*F 8.4* Planspiel
*F 6.3* Mit dir zusammenarbeiten
*F 7.2* Kooperationsspiele
*F 7.4* Beziehungsspiele
*E 6.2.2* Du formst mich
*E 7.2* Kooperationsspiele
*E 8.1* Statuenspiel

### VARIANTEN

- Wer möchte seine eigene Familie darstellen?
- Wer möchte eine Familie aus seinem Bekanntenkreis, aus der Literatur oder aus einem Film darstellen?
- Wie verändert sich die Familie, wenn ein wichtiges Ereignis eintritt? (Todesfall, Hochzeit, Schwangerschaft, Krankheit, Matura, Beruf, . . .)
  Die anderen Mitspieler sind Reporter, die die Familie der Woche interviewen.

### REFLEXION

Was heißt „intakte" und „nicht intakte" Familie?
Was heißt „vollständige" und „nicht vollständige" Familie?
Wer kann sich in den dargestellten Familien am besten durchsetzen? Welche Hierarchien gibt es in den Familien? Gibt es unterschwellige Konflikte?
Wie laufen die Entscheidungsprozesse in den Familien ab?

### ROLLENSPIEL

- Ein Familienmitglied kommt mit einer freudigen/unangenehmen/traurigen/ungeheuerlichen/besorgniserregenden/ . . . Nachricht zum Mittagstisch.
- Ein Familienmitglied hat im Lotto gewonnen. Wird das Geld aufgeteilt?
- Planspiele mit Rollenspielkärtchen zu vorgegebenen Situationskärtchen.

## 8.1.5 Skulpturen als Gefühlsbarometer

### WEITERSPIELEN

F 8.1.6
Skulpturen als Beziehungsbarometer
F 8.1.4
Familienskulpturen
F 5.1
Was fühle ich
F 5.3.5
Ratet, wie ich bin
F 6.1
Dich kennenlernen
F 6.2.1
Du schätzt mich ein
E 5.1
Was mag ich
E 6.2
Dich wahrnehmen
E 8.1
Statuenspiel
E 8.3
Pantomimisches Spiel

### ZIELE

Emotionale Eigen- und Fremdwahrnehmung
Eingehen auf die Stimmung in der Gruppe

### SPIELABLAUF

Die Mitspieler zeigen mit ihrer Körperhaltung, wie sie sich gerade fühlen.

### BEISPIELE

Ein Spieler hat ein Gefühl zum Davonlaufen.
Ein Spieler steht von der Gruppe abgewendet da und hält sich die Ohren zu.
Ein Spieler steht mit weit nach oben gestreckten Armen da. Er fühlt sich in der Gruppe wohl.
Ein Spieler räkelt sich im Sessel.

### REFLEXION

Was willst du uns mit deiner Körperhaltung zeigen?
Was sehen wir an deiner Körperhaltung?
Was müßte sich ändern, daß sich deine Körperhaltung ändert? Wie würde dann deine Körperhaltung aussehen?
Probiere die neue Körperhaltung aus!

### VARIANTE

Der Spielleiter gibt Impulse, die Mitspieler zeigen durch ihre Körperhaltung, was sie von den phantasierten Situationen halten.
Beispiel: Stell dir vor, die Schule würde brennen!

## 8.1.6 Skulpturen als Beziehungsbarometer

### WEITERSPIELEN

*F 8.1.5*
*Skulpturen als Gefühlsbarometer*

*F 8.3*
*Soziales Rollenspiel*

*F 6.1.6*
*Treffpunkt*

*F 6.3.5*
*Zufallsbekanntschaft*

*F 7.2*
*Kooperationsspiele*

*F 7.4*
*Beziehungsspiele*

*F 7.5.3*
*Auf Wählerfang*

*E 6.1.3*
*Namensschriften sammeln*

*E 6.1.4*
*Autogramme sammeln*

*E 7.2.7*
*Seilmannschaften*

*E 7.4.2*
*Das Trösterspiel*

*E 8.1*
*Statuenspiel*

### ZIELE

Beziehungen in der Gruppe veranschaulichen und bewußt machen
Aktuelle gruppeninterne Konflikte veranschaulichen

### SPIELABLAUF

Ein Mitspieler wählt fünf Freunde aus der Gruppe aus, stellt sie im Raum auf, setzt oder legt sie hin. Er bestimmt auch die Körperhaltung, in der jeder einzelne dastehen soll, er korrigiert die Kopf-, Arm- und Beinstellung. Dann sucht er sich selber einen Platz. Er achtet dabei auch auf die Abstände der Freunde zu ihm und untereinander, beachtet die Blickrichtung und die Mimik.

### REFLEXION

Was zeigt die Gruppe den Beobachtern?
Wie fühlt sich jedes Gruppenmitglied?
Was würde jedes Gruppenmitglied an seiner Körperhaltung ändern?
Was zeigt die neue Körperhaltung?
Wie wirkt die neue Körperhaltung auf die anderen Gruppenmitglieder und auf die Beobachter?

### VARIANTE

Aktuelle Konfliktbearbeitung:
Zwei oder mehrere Mitspieler hatten einen Konflikt miteinander. Der Spielleiter läßt sich durch Skulpturen von den Beteiligten den Konflikt veranschaulichen.

### HINWEIS

Die Bearbeitung außerschulischer, aktueller, persönlicher Konflikte einzelner Schüler kann nur durch therapeutisch ausgebildete Personen mittels der „Skulpturmethode" praktiziert werden.

# 8.2 Planspiel

## 8.2.1 *Allgemeines*

### ZIELE

Kognitives Lernen
Bewältigen von Projekten
Durchsetzungsvermögen trainieren
Rhetorische Schulung
Rollenverständnis wecken

### PROBLEMSITUATION UND ROLLENBESCHREIBUNG

Im Planspiel wird den Spielern eine Problemsituation oder eine Konfliktsituation (meist schriftlich) geschildert.
Jeder Spieler erhält zudem eine genaue Beschreibung seiner Rolle. Meist werden hier Beruf, Alter, Geschlecht, Einstellungen und Eigenschaften der Person beschrieben. Besonders auf Einstellungen der Person gegenüber der oben angegebenen Konflikt- oder Problemsituation wird eingegangen. In der Rollenbeschreibung können auch Aussprüche in der direkten Rede enthalten sein, die später im Planspiel vom Spieler direkt übernommen werden.
Dem Planspiel stehen zusätzlich schriftliche Informationen, Bildmaterial und anderes Anschauungsmaterial zur Verfügung. Im Idealfall steht dem Spieler auch genügend Vorbereitungszeit zur Verfügung. Je älter die Kinder sind, umso gewissenhafter kann die Information über den Problemkreis erfolgen, bevor das tatsächliche Planspiel beginnt, das dann oft nicht länger als eine halbe Stunde dauert. Die Vorbereitungszeit kann im Rahmen eines Projektes bei Vierzehnjährigen bis zu einer Woche dauern. Wer gut informiert ist, wird sich in diesem Spiel besser durchsetzen können. Je jünger die Spieler sind, umso eher wird das „improvisierte Planspiel“ mit kurz gefaßten Situationsbeschreibungen und Rollenanweisungen Anwendung finden. Die Vorbereitungszeit bezieht sich im wesentlichen auf Absprachen und verbalen Informationsaustausch mit den Mitstreitern.
Die Durchführung des Planspiels findet meist als Diskussionsspiel statt. Als Kulisse dienen ein Familientisch, ein Konferenzsaal, ein Gastzimmer.
Eine Jury beurteilt nach der Durchführung das Spiel.

### BEISPIELE

- Umfahrungsstraße: Der Ort erstickt im Stau, Lärm, Schmutz. Die meisten Anrainer an der alten Straße sind für den Bau der Umfahrungsstraße, einige Gastwirte und Geschäftsleute sind dagegen. Eine Gruppe von Umweltschützern schlägt eine andere Lösung vor. Der Ort liegt inmitten einer schützenswerten Landschaft.
- Der Mietvertrag der Familie läuft in zwei Jahren aus. Wohin soll übersiedelt werden?
- Der Bürgermeister möchte bei der Neugestaltung des großen Schulgrundstückes die Schulgemeinschaft an Planung und Durchführung beteiligen.

## ORGANISATION DES PLANSPIELS

*Vorbereitung des Planspiels*
Informationsphase:
Sammeln von Informationen aus Prospekten, Sachbüchern oder durch Recherchen bei Behörden (Spielleiter).
Argumente gemeinsam mit anderen Gleichgesinnten sammeln.
z. B.: Es treffen sich alle Transportunternehmer und alle Bürgermeister.
Informelle Kontakte zu den anderen Dorfbewohnern werden geknüpft. Besuche abgestattet, Meinungen eingeholt. Die Mitspieler geben einander ihren Beruf und ihr Alter bekannt.
*Durchführung des Planspiels*
Erste Diskussionsphase: Der Bürgermeister lädt zu einer Bürgerversammlung ein.
Beratungsphase: Gleichgesinnte ziehen sich zur Beratung oder zum Sammeln weiterer Informationen zurück.
Zweite Diskussionsphase: Die Diskussion wird wieder aufgenommen. Verschiedene Mittel der Manipulation, der Beeinflussung und des Widerstandes können zum Einsatz kommen.
*Bewertung des Planspiels*
Die Zuschauer beurteilen das sprachliche und taktische Verhalten der Spieler.

## REFLEXION

Wer hatte die besseren Informationen?
Welche Spieler waren redegewandt?
Welche Spieler spielten gut zugunsten ihrer Durchsetzungsfähigkeit zusammen?
Wer konnte auf unvorhergesehene Spielverläufe schnell und wirkungsvoll reagieren?

## HINWEIS

Das Planspiel kann von zwei Gruppen gleichzeitig vorbereitet werden. Einige Rollen können auch doppelt besetzt werden. Es können auch einige „freie" Mitspieler eingesetzt werden, die sich selber eine Rollenbeschreibung schreiben. Diese Mitspieler können als zugezogene, noch unbekannte Gemeindebürger, als Unsicherheitsfaktor, das Spiel beleben.

## VARIANTEN

- Wenn zwei oder drei Spielgruppen existieren, können entweder die Gruppen die Durchführungsphase hintereinander spielen (die anderen Gruppen verlassen inzwischen den Raum), oder ein „Hauptspieler" hat einen oder zwei Einsager während der Durchführungsphase hinter sich stehen.
- Nach der Vorbereitungsphase übernehmen die Spieler die Funktion der Beobachter. Jeder hat einen Spieler zu beobachten. Er kann ihm in der Beratungsphase Tips geben. Bei der Spielreflexion berichten sie von ihren Beobachtungen.

## 8.2.2 Planspiel „Stausee“

### SITUATIONSBESCHREIBUNG

Der Alpfluß schlängelt sich durch das waldreiche Alptal. Das Alptal ist von weitgehend unerschlossenen Forstgebieten umgeben. Lediglich ein kleines Schigebiet, das durch eine Bergstraße erreichbar ist, stellt einen prägnanten Eingriff in die Natur dar. Touristen werden durch den idyllischen Alpsee am Ende des Tales, durch die umgebenden Berge und durch den Wildpark angelockt. Das Tal ist dünn besiedelt. Das Wasser des Flusses hat eine hohe Güteklasse und ist beliebtes Fischwasser. Sandbänke locken die Einheimischen im Sommer zu Badefreuden an. Nur vereinzelt wird die Naturbelassenheit des Flusses durch Wehre und Dämme gestört. Eine Projektgruppe der Behörde hat Zeitungsberichten zufolge ein Gutachten über Wassermenge, Energiebedarf und Umweltverträglichkeit in Auftrag gegeben.

*Rollenbeschreibung 1:*
Gastwirt, seit 30 Jahren hier ansässig. Sein Gasthaus ist derzeit beliebtes Ausflugsziel. Er liebt keine Veränderungen. Wenn man ihm widerspricht, braust er leicht auf.

*Rollenbeschreibung 2:*
Bauarbeiter, 30 Jahre alt, Familienvater, derzeit arbeitslos. Ist sinnvollen Neuerungen gegenüber nicht abgeneigt.

*Rollenbeschreibung 3:*
Transportunternehmer, 40 Jahre alt, ledig, sein Unternehmen geht derzeit nicht gut. Er ist in Gesprächen oft sehr eigensinnig.

*Rollenbeschreibung 4:*
Lehrerin, 25 Jahre alt. Sie weiß nicht, wie lange sie noch in diesem Tal wohnen wird, da die Schule möglicherweise wegen der geringen Kinderzahl aufgelassen werden wird. Sie gilt als Umweltschützerin. Im Gespräch wirkt sie öfters sehr belehrend.

*Rollenbeschreibung 5:*
Wildparkbesitzerin, 60 Jahre alt. Sie ist schwer zu überzeugen. Schon oft hatte sie wegen ihres Wildparks mit den Behörden Probleme.

*Rollenbeschreibung 6:*
Bürgermeister, 52 Jahre alt, hat viele Enkelkinder, die gerne mit ihm in der Alp baden. Er ist begeisterter Hobbyfischer. Er will es allen Wählern recht machen. Um das Gemeindebudget ist es schlecht bestellt.

### ZUSATZINFORMATIONEN

Zusatzinformationen zum Planspiel „Stausee“ können nur auf Anfrage von einzelnen Spielern beim Spielleiter eingeholt werden.

*Aussage der Wasserrechtsbehörde:*
„Gutachten ergaben, daß bei Errichtung eines Staudammes die Wassergüte unterhalb des Dammes um zwei Güteklassen vermindert werden würde.
Das Fischrecht würde auf den Betreiber des Staudammes, nämlich auf die Elektrizitätsgesellschaft, übergehen. Fischereikarten würden nach Errichtung des Staudammes preisgünstig auch an Touristen vergeben werden. Unterhalb des Staudammes sinkt der Wasserstand um zwei Drittel. Der Fischbestand vermindert sich dort um das Zehnfache.
Das Befahren des Stausees mit Ruder- und Elektrobooten wäre – die Erlaubnis der Elektrizitätsgesellschaft und der Gemeinde vorausgesetzt – möglich."

*Aussage eines hohen Regierungsbeamten:*
„Vor der Wahl ist die Steigerung des Energieaufkommens durch Wasserkraft versprochen worden. Der Energiebedarf ist innerhalb eines Jahres um 2 % gestiegen. Wir brauchen Kraftwerke. Daher läßt die Regierung von allen noch nicht genützten Flüssen, auch vom Alpfluß, Gutachten anfertigen. Ich selber bin jedoch gegen die Verbauung dieses Flusses, da ich selber gerne in dieses Tal Ausflüge unternehme."

*Aussage des Naturschutzverbandes:*
„Wir sind gegen den Stausee. Es ist das letzte wirklich weitgehend naturbelassene Tal in diesem Gebiet. Ein Teil des Tales liegt im von der Regierung geplanten Naturpark, der geplante Stausee liegt nur knapp außerhalb. Viele geschützte Tiere, besonders der seltene Wanderfalke, haben ihren Lebensraum im Gebiet des geplanten Stausees. Ein seltenes Liliengewächs kommt hier vor. Wir würden gegen den Bau des Stausees mit allen Mitteln vorgehen."

*Aussage des Fremdenverkehrsverbandes:*
„Für den Bau des Stausees spricht: Die Straße würde saniert werden und würde den Touristenstrom besser bewältigen. Rund um den Stausee könnten Erholungs-, Bade- und Sporteinrichtungen entstehen. Fremdenverkehrsbetrieben könnten großzügige Kredite eingeräumt werden.
Gegen den Bau des Stausees spricht: Touristen, die bisher die Ruhe des Tales schätzten, könnten fernbleiben.
Die jahrelange Bautätigkeit hat vorerst eine Verminderung des bisherigen Fremdenverkehrs zur Folge. Die Bauarbeiter bringen nicht die erhofften großen Umsätze.
Insgesamt würden die Einkommen der Fremdenverkehrsbetriebe gleich groß bleiben."

*Aussage der Elektrizitätsgesellschaft:*
„Der Alpfluß kommt wegen des geringen Wasserstandes nur im Notfall als Standort für ein kleines Kraftwerk in Frage. Das Gelände ist für ein Staubecken denkbar ungeeignet. Die Errichtung wäre für die Elektrizitätsgesellschaft mit hohen Kosten verbunden. Widerstände der Bevölkerung werden befürchtet, wodurch sich die Errichtung um Jahre verzögern könnte."

# 8.3 Soziales Rollenspiel

**HINWEIS**

Die meisten Rollenspiele, die in diesem Buch erwähnt sind, sind soziale Rollenspiele. Sie konzentrieren sich in erster Linie auf die Förderung von 5 Zielen:

*Rollendistanz:* Die Fähigkeit, sich verschieden von der Rolle, die man spielt, begreifen zu lernen.

*Toleranz für verschiedene Gesichtspunkte:* Die durch Rollen, Gegenrollen und Nebenrollen entstehende Frustration ertragen lernen.

*Einfühlungsvermögen:* Bei der Rollenverwirklichung auf die zum Rollenspiel gehörenden Partner eingehen.

*Systembewußtsein:* Die Veränderbarkeit des gesellschaftlichen Systems durch das eigene Verhalten erkennen können.

*Aktionssolidarität:* Durch gemeinsames Planen und Handeln Ziele verfolgen können.

Im weiteren Sinn ist jedoch jedes Rollenspiel soziales Rollenspiel, so wie jedes Spiel soziales Lernen beinhaltet: Jedes Rollenspiel fördert und entwickelt das Sozialverhalten im Spiel.
Das Rollenspiel gibt uns Einblick in Sozialbezüge, schafft soziale Beziehungen und zeigt soziale Zusammenhänge.
Es zeigt uns Konflikte, und läßt uns Konfliktlösungsmöglichkeiten erkennen. Jedes Rollenspiel bedarf der Verwendung von Kommunikationsmitteln, verbaler und nonverbaler Art. Das Rollenspiel kann also Wesentliches zum gegenseitigen Verständnis beitragen.
Unter den allgemeinen Rollenspielen ist das soziale Rollenspiel ein Rollenspiel, das vom Spielleiter bewußt zum sozialen Lernen eingesetzt wird. Es ist meist schon durch den Titel sozialen Inhalts als solches erkennbar.

**WEITERSPIELEN**

*Die in den vorangegangenen Kapiteln angeführten Rollenspielvorschläge werden zuerst in der Grundform und dann nach Belieben in einer der unten angeführten Varianten nochmals gespielt.*

## 8.3.1 *Die Stimme leihen*

**ZIELE**

Durchsetzung üben
Kooperation

**SPIELABLAUF**

Zwei Mitspieler planen gemeinsam ihre Rolle. Während des Spiels übernimmt der eine Spieler den Handlungsteil, das heißt er spielt pantomimisch, während der andere den Gesprächsteil übernimmt. Nach diesem Spieldurchgang wird die Funktion gewechselt.

**REFLEXION**

Bist du eher ein Gesprächstyp oder ein Handlungstyp?
Wem ist es eher gelungen, im Spiel zu dominieren?

## 8.3.2 *Schattentechnik*

**ZIEL**

Einführung in eine Handlung

**SPIELABLAUF**

Nach dem Grunddurchgang können Zuschauer pantomimisch bei einer nochmaligen Durchführung der Grundform im Hintergrund mitspielen. Durch den Einsatz ihres Körpers können sie die spielenden Personen besser verstehen.

**REFLEXION**

Welche Spielteile erlebten die Zuschauer durch den Körpereinsatz intensiver?

## 8.3.3 *Rollentausch*

**ZIELE**

Konfliktbearbeitung, Verständnis für Autoritäten und Schwächere, Umgang mit Macht

**SPIELABLAUF**

Die Spieler tauschen nach der Darstellung einer Szene in der Grundform die Rollen. Sie spielen die Szene in gleicher Form noch einmal.

**REFLEXION**

In welcher Rolle hast du dich wohler gefühlt?
Welche Person hat deiner Meinung nach richtig gehandelt?
Spielt das Spiel noch einmal! Verändert nun das Verhalten beim Rollentausch!

## 8.3.4 *Befragung*

ZIEL

Sichtbarmachen von Motiven und Hintergründen

SPIELABLAUF

Ein Rollenspieler wird nach dem Rollenspiel von Reportern in seiner Rolle interviewt.

BEISPIEL

Der Spieler spielte einen strengen Vater.
„Welche Erziehungsmittel vertreten Sie?"
„Was stört Sie besonders an Ihrem Sohn?"
„Wie wurden Sie selber erzogen, als Sie Kind waren?"

REFLEXION

Welche zusätzliche Information haben die anderen Rollenspielpartner durch das Interview erhalten? Beeinflußt die Information ihr Verhalten bei einem nochmaligen Spiel der Szene?

## 8.3.5 *Reportage*

ZIEL

Verhalten analysieren und interpretieren

SPIELABLAUF

Eine Rollenspielszene wird pantomimisch dargestellt.
Ein Reporter kommentiert das Gesehene im Reportagestil.
Die Reportage kann mit Tonband aufgenommen werden.
Bei nochmaligem Abspielen des Tonbands lenkt das Tonband die Geschehnisse im Rollenspiel.

HINWEIS

Damit der Reporter mit dem Kommentieren leichter nachkommt, kann in Zeitlupe gespielt werden. Eine andere Möglichkeit ist, dem Reporter Stopprufe zu gestatten. In diesen Spielpausen kann er über das Gesehene berichten.

REFLEXION

Hat der Reporter die Spieler richtig interpretiert? Welches Verhalten war anfällig für Fehlinterpretationen?

## 8.3.6 *Doppelgänger*

ZIEL

Ausdruck von intensiv erlebten Gefühlen

SPIELABLAUF

Nach der Grundform wird die Szene pantomimisch nochmals gespielt. Hinter jedem Rollenspieler steht ein Mitspieler, der die geheimen Gedanken dieses Rollenspielers in jeder Spielphase äußert.

REFLEXION

Warum treten nicht alle Gefühle und Gedanken im Rollenspieldialog zutage?
In welchen Situationen werden häufig Gedanken und Gefühle unterdrückt?

## 8.3.7 *Drinnen und draußen*

ZIEL

Hemmungen sichtbar machen

SPIELABLAUF

Ein Zuschauer ruft „Stopp!“ an einer Stelle im Spiel, an der er glaubt, daß einer der Spieler Hemmungen hat, tatsächlich das zu spielen, was seinem Gefühl oder seiner Einstellung entspräche. Der vorangegangene Spielteil wird nochmals gespielt. Dabei spielt der Zuschauer die Rolle. Er spielt sie in seiner Variante bis zu dem Punkt, an dem er „Stopp!“ gerufen hat. Nun übernimmt wieder der ursprüngliche Spieler seine Rolle und das Spiel geht weiter.

REFLEXION

Was sagt der Spieler zu der anderen Spielvariante?
Würde er bei einem nochmaligen Spieldurchgang lieber seine Variante aus der Grundform oder lieber die zweite Variante spielen?

## 8.3.8 *Episches Spiel*

**ZIEL**

Handlungsalternativen ausprobieren

**SPIELABLAUF**

Nach dem Grunddurchgang übernimmt ein Außenstehender die Spielleitung. Er erzählt die Handlung in einer ihm angenehmen abgeänderten Form. Nach einigen Sätzen des Erzählens ruft er „Go!“, was bedeutet, daß die Rollenspieler den Inhalt der vom Spielleiter bis dahin erzählten Geschichte spielen sollen. Ruft der Spielleiter „Stopp!“, wird das Spiel unterbrochen und der Spielleiter erzählt weiter.

**HINWEIS**

Es können durch weitere Spielleiter andere Handlungsalternativen angeboten werden.

**REFLEXION**

Welche Handlungsalternative war für die Spieler die stimmigste?

## 8.3.9 *Personifizierte Einflüsse*

**ZIEL**

Soziale Wünschbarkeit und eigenes Wollen gegenüberstellen

**SPIELABLAUF**

Nach der Grundform wird von der Gruppe über soziale Normen reflektiert, die von den Personen im Spiel zwar erfüllt wurden, die aber dem Wollen dieser Personen widersprochen haben. Welche Norm steht hier im Wettstreit mit welchem Bedürfnis?

**BEISPIEL**

Es ist schönes Wetter. Peters Freunde stehen vor d em Haus. Sie wollen, daß er zum Fußballspielen mitkommt. Er jedoch teilt ihnen mit, daß er heute lernen müsse. In nächster Zeit wird Peter nicht mehr von seinen Freunden abgeholt. In diesem Beispiel stehen Pflichtbewußtsein und Spieltrieb gegeneinander.
Zwei außenstehende Zuschauer spielen nun ein Streitgespräch zwischen Herrn Pflichtbewußtsein und Herrn Spieltrieb.

**REFLEXION**

Welcher der beiden Herren hat die stärkeren Argumente?
Sind die stärkeren Argumente immer die, welche sich durchsetzen können?

# Stichwortverzeichnis:

# Bücher zum Weiterlesen

amnesty international: Spiele zur Werterziehung. Linz 1988.

Barter, Nicholas: Theater-Spielbuch für Kinder. Ravensburg: Maier 1981.

Baer, Ulrich: Lernziel: Liebesfähigkeit, Band 1 und 2, Akademie Remscheid, 1988

Baer, Ulrich: Remscheider Diskussionsspiele. Akademie Remscheid, 1987

Ballinger, Erich: Ich mach' mein eigenes Buch. Wien: Ueberreuter 1990

Brüggebors Gela: Körperspiele für die Seele. Hamburg: Rowohlt 1989.

Chapman, A. H.: Die verräterischen Spiele der Kinder. Ravensburg: Maier 1974.

Cohn, Ruth C.: Von der Psychoanalyse zur themenzentrierten Interaktion. Stuttgart: Klett-Cotta 1981.

Daublebsky, Benita: Spielen in der Schule. Stuttgart: Klett 1976

Emge, Trude: Spiel doch mit! Linz: Veritas 1988.

Figge, Peter: Lernen durch Spielen. Heidelberg: Quelle und Meyer 1975.

Franzke, Erich: Märchen und Märchenspiel in der Psychotherapie. Bern: Huber 1991.

Fritz, Jürgen: Methoden des sozialen Lernens. München: Juventa 1981.

Goetze, Herbert/Jaede, Wolfgang: Die nicht-direktive Spieltherapie. Frankfurt: Fischer 1988.

Griesbeck, Josef: Spiele für Gruppen. München: Don Bosco 1990

Gudjons, Herbert: Spielbuch Interaktionserziehung. Bad Heilbrunn/Obb.: Klinkhardt 1987.

Hamblin, Kay: Pantomime. Pittenhart-Oberbrunn: Ahorn 1985.

Keysell, Pat: Pantomime für Kinder. Ravensburg: Maier 1977.

Kramer, Michael: Das praktische Rollenspielbuch. Gelnhausen: Burckhardthaus 1983.

Lang, Hans Georg: Soziale Spiele. Tübingen: Katzmann 1984.

Lowndes, Betty: Erstes Theaterspielen mit Kindern. Ravensburg: Maier 1979.

Nickel, Hans: Spiel mit Kindern – Theater mit Kindern. Stuttgart: Thienemanns 1974.

Petermann, Franz/Petermann, Ulrike: Training mit aggressiven Kindern. München: Psychologie Verlags Union 1990.

Rabenstein, Reinhold/Reichel, René: Großgruppen-Animation. Linz: Arbeitsgemeinschaft für Gruppenberatung 1982.

Reichel, Gusti/Rabenstein, Reinhold/Thanhoffer, Michael: Bewegung für die Gruppe. Linz: Arbeitsgemeinschaft für Gruppenberatung 1982.

Seidel, Günter/Meyer, Walter: Spielmacher, Band I und II. Hamburg: Erziehung und Wissenschaft 1975.

Spielkartei der Katholischen Jungschar der Diözese Linz: Linz 1978

Tiemann, Klaus: Planspiele für die Schule. Frankfurt: Hirschgraben 1978.

Vopel, Klaus: Interaktionsspiele für Kinder. Hamburg: ISKO-Press 1980.

Vopel, Klaus: Interaktionsspiele für Jugendliche. Hamburg: ISKO-Press 1981.

Warns, Else: Die spielende Klasse. Gelnhausen: Burckhardthaus 1981.

Woelfel, Ursula: Du wärst der Pienek. München: Neidhard, Anrich 1973.

Zeitschrift: „in sachen spiel und feier“ Weinheim: Höfling-Verlag.

## ◆ Praktische Tips zum „anderen Lernen“ ◆

**Spiele zum Problemlösen**
Band 1: für Kinder im Alter von 6 bis 12 Jahren
ISBN 3-7058-0540-1

◆ Viele Spiele für Kinder im Alter von 6 bis 12 Jahren, je nach Bedarf für Kleingruppen oder Schulklassen.

◆ Helferspiele, Aggressionsspiele, Kooperationsspiele, Wahrnehmungs-, Bewegungs-, Partner-, Rate- und Rollenspiele.

◆ Im Spiel Probleme aufgreifen, erkennen und bewältigen.
Eine wertvolle Hilfe für Kinder, das ICH, das DU und die GRUPPE zu verstehen.

**Geschichten zum Problemlösen**
Für Kindergarten, Schule und Zuhause
ISBN 3-7058-0014-0

◆ Geschichten aus dem Alltag der Kinder in kindgemäßer Form erzählerisch verarbeitet.

◆ Eine wertvolle Hilfe für Kinder, um Ängste oder Nöte leichter zu bewältigen.

◆ Eine wertvolle Hilfe für Erzieher, um auf ihre Kinder einzugehen.

**Mit Tobo ins Regenbogenland**
Eine Reise ins Land der Kreativität und Phantasie
ISBN 3-85329-923-5

◆ Phantasie und Kreativität der Kinder werden gefördert.

◆ Ein Kinderbuch, das jedes Kind selbst vervollständigen kann.

◆ Mit einem Lehrer- bzw. Elternteil als praxisorientierte Anleitung.

**Offenes Lernen**
in 28 Schritten
ISBN 3-85329-982-2

◆ Eine praxisorientierte Hilfe für Lehrer, die die oft „graue Theorie“ des offenen Lernens in ihrem Unterricht umsetzen wollen.

VERITAS

## ◆ Praktische Tips zum „anderen Lernen“ ◆

**Entspannt lernen**
Streßabbau, Lernförderung und ganzheitliche Erziehung
ISBN 3-85329-610-6
Tonbandkassette
ISBN 3-85329-529-9

◆ In einen entspannten und effizienten Schultag.

◆ Mit vielen Entspannungsübungen.

◆ Übungen auch auf Tonbandkassette.

**Zielbewußt üben – erfolgreich lernen**
Lerntechniken und Entspannungsübungen für Schüler
ISBN 3-85329-683-1
Tonbandkassette
ISBN 3-85329-533-4

◆ Ein reichhaltiges Angebot an Lerntechniken.

◆ Wendet sich direkt an Schüler ab 11 Jahren.

◆ Ein Buch für jeden Lernenden.

**Komm mit zum Regenbogen**
Phantasiereisen für Kinder und Jugendliche zur Entspannung, Lernförderung, Persönlichkeitsentwicklung
ISBN 3-85329-886-9
Tonbandkassette
ISBN 3-85329-917-2

◆ Phantasiereisen regen die Vorstellungskraft von Kindern und Jugendlichen an.

◆ Für die Vertiefung von Entspannung und Ruhe, für die Förderung von kreativem und ganzheitlichem Lernen und für die Unterstützung einer harmonischen Persönlichkeitsentwicklung bietet das Buch Geschichten und Texte.

**Anders lernen**
Tips für den offenen Unterricht. Lernideen für Schüler, Eltern und Lehrer.
ISBN 3-7058-0017-5

◆ Mehr Freude beim Lernen für Kinder, Jugendliche, Lehr- und Erziehungspersonen durch lustbetonte neue Lernformen.

◆ Unwillkürliches Lernen aus Neugier.

◆ Unwillkürliches Lernen aus Lust an der Bewegung.

VERITAS